立人天地

世界前沿教育书系　CORWIN

SLEEPING GIANT:

发掘内在潜力：让教师成为教育家

HELP TEACHERS

[美] 玛丽安 · 凯贞梅尔（Marilyn Katzenmeyer）
盖尔 · V. 穆勒（Gayle · V. Moller）著
杨巧瑜　高连兴　译

DEVELOP AS LEADERS

黑龙江出版集团
黑龙江教育出版社

版权登记号：08-2016-032

图书在版编目（CIP）数据

发掘内在潜力：让教师成为教育家 / (美) 凯贞梅尔 (Katzenmeyer,M.)，(美) 穆勒 (Moller,G.V.) 著；杨巧瑜，高连兴译. -- 哈尔滨：黑龙江教育出版社,2016.3（2021.6重印）
ISBN 978-7-5316-8687-3

Ⅰ. ①发… Ⅱ. ①凯… ②穆… ③杨… ④高… Ⅲ. ①教师素质 – 研究 Ⅳ. ①G451.6

中国版本图书馆CIP数据核字(2016)第064787号

发掘内在潜力：让教师成为教育家
FAJUENEIZAIQIANLI: RANGJIAOSHICHENGWEIJIAOYUJIA

作　　者　〔美〕玛丽安·凯贞梅尔（Marilyn Katzenmeyer）　盖尔·V.穆勒（Gayle·V. Moller）著
译　　者　杨巧瑜　高连兴　译
选题策划　王春晨
责任编辑　彭剑飞
装帧设计　Amber Design 琥珀视觉
责任校对　高秀革

出版发行　黑龙江教育出版社（哈尔滨市南岗区花园街158号）
印　　刷　北京时尚印佳彩色印刷有限公司
新浪微博　http://weibo.com/longjiaoshe
公众微信　heilongjiangjiaoyu
天 猫 店　https://hljjycbsts.tmall.com
E-mail　heilongjiangjiaoyu@126.com
电　　话　010—64187564

开　　本　700×1000　1/16
印　　张　15
字　　数　170千
版　　次　2021年8月第1版第2次印刷
书　　号　ISBN 978-7-5316-8687-3
定　　价　48.00元

目录 / contents

序

本书重点阐述教师领袖及教师领导力对改进教学成果的重要性。美国的学校从教师的创造力与义务中挖掘教学生命力。教师是学校潜在的成人领导的最大群体，肩负着不遗余力地为教学改革做贡献的重任。教师的才华与奉献精神是学校感知每一届学生需求的源泉。

社会发展日新月异，学校为国家经济发展助力，其承受的压力也随之增加。在这一大背景下，学校担负的责任自然不可同日而语。面对各项测试与考核，学校尝试过多种改革，但媒体、公众，甚至教育家们仍然对此感到不满。他们认为学校在满足学生需求方面还做得远远不够，无论是立法委员、政府指令，还是校长发起的改革项目都不会使教育产生任何重大变化。人们希望增加教师担任教学领袖与承担其他领导职责的机会，推动远未达到预期的教育体系向前发展。教学质量中心的一位同事梅利莎·拉斯贝里（Melissa Rasberry）曾说过，“教学质量的评定应该与教师领导力相匹配”，的确如此。

我们通过与教师领袖的接触发现，他们已在很多学校在教与学方面产生了巨大影响。由此我们意识到，要想实现学校的期望与愿景，重点在于教师必须扮演领袖角色。教师领袖是学校持续而有意义地发展的关键因素。我们多年的工作就是要明确，知识与技能是优秀教师领袖应具备的特性。

这些想法一经证实后，我们发现，多数教师职前教育课程讲授的知识不多，技能也有限。同时，学校与学区对发展教师领导力的重视程度不足，而学校内部的组织与规范，加上校长、教务管理人员和学区工作人员之间缺乏沟通和了解，教师领导力进一步遭到扼杀。为解决这一问题，我们把教师领袖的发展需求作为主要研究方向。通过在整个教学改革工作中掌握的知识以及对教师领导力的认识，我们坚信，教师领导力一定会发挥举足轻重的作用。

20年来，我们对教师领袖的工作进行了大量的分析与研究，将所获经验与见解在第三版中与大家分享。本版新增教师领导力的定义，自第二版之后与教师领导力发展进程相关的内容也收入其中，涵盖了我们对推动教师领导力发展的意见与想法，同时从教师职前准备、为经验教师领袖提供后续支持入手，提出教师领袖专业发展规划的新思路。本书新增部分集中探讨了教职员工的代沟问题对教学工作的影响，为如何与工作中持不同观点的人建立关系指点迷津。通过对支持教师领导力的校园环境进行分析，我们设计了一套教师领导力在校园蓬勃发展的标准，同时阐述了教师领导力在学校持续发展的三大要素：学校成人之间的关系；学校的组织架构；校长的行为规范。在第三版中，我们循序渐进，为教师领袖如何参与影响同事、学校以及学区梳理出了更加完整的思路。在集中研究了当前大量担任教学领袖的教师后，我们及时让第三版与读者见面，新增部分涉及很多教师领袖面临的四个挑战：决定接受教师领袖角色；建立校长—教师领袖关系；同侪合作；促进自我与他人的专业学习。本书的最后，我们向读者展示了未来教师领导力的发展想法与计划，即如何为教师领导力开创美好的未来进行倡导与变革。

第三版中的每个章节都参考了最新的教师领导力学术与研究报告，而“教师领导力自我评估”与“教师领导力学校问卷调查”使本书内容更加丰富与完整。其他评估工具还包括“教师领导力调查前的准备”与“教育哲学调查表”等。这些工具向读者展示了潜在与实际的教师领袖所运用的独一无二的教学法。此外，我们还提供了再版与在线资源，方便对教师领导力感兴趣的人士做深入探究。

我们很高兴越来越多的人开始尊重教师的领导力并注重培养教师的领导力技能，因为我们十多年前发行的第一版正是希望发掘教师内在的领导潜力。所有对教师领导力感兴趣并愿意帮助教师成为教师领袖的人都会从本书中受益。各个岗位的教育工作者，比如校长、教务管理人员、学区工作人员、大学及高校人事管理人员，尤其是教师自身都肩负着拥护教师领导力的责任，我们需要所有教育群体的关注。第三版中，我们再次审视了我们所秉承的教师领导力的观点，坚持将这一观点与最新的教学实践相融合。我们将一如既往，通过与全国教师领袖的互动为我们的教育理念做指导。本书中我们还分享了与希望运用教师领导力的人士共同探究的学习成果。

把教师培养成教学领袖是我们整个职业生涯为之奋斗的过程，我们希望每一个致力于帮助我国所有学生取得成就的人都能够参与其中，我们也希望本书所阐述的观点能够使每位读者受益。

玛丽安·凯贞梅尔（Marilyn Katzenmeyer）

盖尔·V.穆勒（Gayle·V. Moller）

第一章　了解教师领导力

作为一名教师领袖，意味着要在课堂以外的教学环境下分享与表述教学工作的核心思想，从而改进教师的教学方法与能力。

阿里尔·萨克斯（Ariel Sacks），初二教师领袖

辛勤的教育工作者们每天都在不符合现代学生需求的体系里努力工作。尽管公众曾质疑，并且接连有政府报告表明教育体系存在缺陷，但多数教师仍深陷于如何提高学生学习成绩的忙碌之中，而对于除此之外的其他需求却视而不见。为学生及其家庭提供服务的社会教育机构永远供不应求，倡导开设特许学校与使用教育券使竞争与挑战应运而生，有能力胜任教师和学校行政人员的人却日益减少，而满怀热情的教育工作者最终面临的挑战唯有设法促进学生学习。

在过去的25年里，大量报告均是有关如何提升学校对决策者的影响力，通过立法向教育家们施压，以达到为所有学生提供优质教育的目的。

虽然很少有人提出异议，但很多人都认为，只单纯提高教学标准、增多评估方法、将学生的学习成绩与教师、学校行政人员的绩效及考试分数挂钩，获得优质教育的目的恐怕难以实现。对绩效责任运动影响力的研究帮助我们了解到，提高学生学习成绩更好的形式是增加教师与教师培训投

入，而非一味地增加考试。好心的决策者们坚持寻找立法“银弹”来推行教育制度改革，而精明的家长们早已知道改革的重点在授课教师，他们才是对孩子学业产生深远影响的关键。

在综合了绩效问责的成果后，教育系统外部制定的改革方案与奖罚制度相结合，意在取得更高的考试分数，将目标转向课堂与教师素养。要提升教师素养，教师需参加培训，学习如何更好地传授知识。因此，对教育的关注已经转变为专业的发展，对大多数教师来说，培训在过去还只是一项偶尔的工作，而现在却成为每位教师的平常义务。培训机构、学区行政人员、教学改革的领导，还有其他制订专业发展计划者，其中不乏能够体现教师素养，但更多的实际上与专业发展最基本的标准背道而驰。韦克斯勒等人（2007）在加州教育研讨会上的报告中指出，加州没有保障教师有效地运用知识与技能的一致性办法。对每一个州来说，这一结论很有可能是个事实。

或许，教育的解决方案取决于具有巨大潜力的领导架构，即挖掘学校里的每一个人，特别是教师的才能。将管理者（校长）与普通员工（教师）分开，实行等级化管理的教育体系是不会取得长足发展的。领导力必须“扎根于学校并与学校融为一体”。校长担任学校唯一领导者的这一概念正逐步形成一种更清晰的认识，那就是我们的教学要想获得成功，教师必须扮演领导的角色。

每所学校都蕴藏着教师领导力这位“沉睡的巨人”（sleeping giant），他是提高学生学习成绩的强烈催化剂。利用教师领袖作为教学改革代言人的影响力，公共教育确保“每个孩子拥有一名优秀的老师”的机会也会大大增加。

我们可以呼吁教师——占学校员工数量最多、与学生关系最密切的群体——发挥领导力的巨大潜力去承担不断改进教学的重任，为高素质高水平的教师队伍提供保障。通过帮助教师意识到自己是教学领袖、为教师提供培养领导技能的机会、创建尊重教师领导力的学校文化，我们就能够唤醒教师领导力这位沉睡中的巨人。

为了实现这一目标，我们将在本章详细探讨教师领导力的形成过程，然后再与读者分享教师领导力的定义。为了使定义描述得更加清晰，我们列举了三个教师领导者与工作中普遍面临的困境做斗争的例子。接下来，我们要求教师运用“教师领导力准备情况”对自己能否成为教师领导者进行评估。最后，我们建议每个人都应承担起支持教师领导者的责任，因为这不是教师领导者独自完成的工作。

1.教师领导力的形成

我们在20世纪90年代编写本书的第一版时，读者对“教师领导力”的概念还不甚了解。在与校长一起研究改进教学工作的过程中，我们发现了教师领导力的重要性。校长与教师一起研究教学改革后，基本上会将他们在专业发展方面的研究成果运用到其所在的教学工作中。但遗憾的是，很多校长被调任之后，他们之前推行的举措在下一任校长眼中变成了奇思异想。而曾经一起参与研究的教师也因看不到前景而无力继续开展教学改革工作。我们想知道，构建什么样的教育制度能够持续推行教学改革，而不是谁担任校长。我们的理想是，每所学校都有众多积极的教师领袖，他们有知识、有技能并坚信：持续推行教学改革对学生学习成绩有重要意义。

我们理想中的教师领导力与现实学校领导力架构的差距是20年来无法跨越的障碍。

如今，虽然这些障碍依旧存在，但教师领导力正在形成，很多学校的教师领袖正在为自己寻找发言权。此前，如果我们让校长为教师领袖下定义，多数校长通常在给出答案之前会犹豫很长时间；最后，校长给出的定义是“教科书主编”或“团队领导”。他们还没有把教师看作是“真正的”领导，而那些教师当然也不会认为自己是领导。目前，人们已对“教师领导力”这个名词耳熟能详，教学领导职务的广泛设立就是最好的证明，这些职务包括为教师的领导力标准测评、各州协作颁发教师领导资质认证、宣传与印发教师领导力文献资料。

教师领导力的形成最主要的原因是整个教育体系意识到，教师的专业发展计划在不提供跟进辅导与支持的情况下，教师的授课行为不会发生任何变化。教师领袖，或称为素养教练、导师、主导教师，随时随地为教师们提供辅导。当教师担任起领袖角色之后，他们再次汇合，通过向教师领袖网络（www.teacherleaders.org）这样遍布全美的专业渠道，寻找课堂之外的方法来影响教学方针政策。

与此同时，有关教师领导力的报刊、调研报告与书籍也越来越多。许多撰写医学论文的学生给我们寄信，阐述他们对教师领导力及其影响方面的研究。虽然关键的第一步还在进行中，但我们期望缓解对教师领导力人才的束缚，使之成为每所学校的办学准则。

挖掘潜在的教师领导力，需要预见多变的教育方针、坚决落实决策以及制订专业发展计划。这些改革举措与保证每堂课的教学质量、校长的有效领导、让教师承担有意义的领导职责相比，相对来说比较容易。为实现这些目标，我们必须克服三大障碍。首先，必须对学校架构与教学体系的领导力进行考查。其次，必须转变过去孤立教学与只关注于“我的学生”的旧模式。最后，所有教师必须意识到，那些愿意肩负起教师领导力责任的教师扮演着更多的角色。教学只是最基本的“平常”工作，而教师的职责，无论专业知识水平历经多少年的积累，从执教的第一天起一直到退休，依然保持着一成不变。虽然很多教师从事的是协同工作并参与决策制定，在自己（their）学校的所有（all）学生和所有教师中间有很大的影响力，很多教师与学校行政人员的工作相同，但真正的领导力依然在校长，教师领导力计划充其量是蜻蜓点水。

虽然教师领导力不再是一个未知的想法，“有时受到追捧，但很少被充分理解”。在我们与教师领袖共事期间，我们想知道为什么教师不愿意被称作“领导者”，即便他们积极参与领导行为。抛开国家地域问题不谈，我们发现他们的不情愿有三大原因：第一，教师领袖的素质取决于学校文化。有教师描述，学校上上下下不鼓励他们做教学的领导者。通常，面对学校文化的不支持，渴望成为领导者的教师会选择离开，寻找更有利于实现教师领导力抱负的学校。第二：一些教师认为他们不具备领导其他教职员工的技能。虽然校长与其他校领导被要求学习领导技能，但教师很少被要求参与这些技能的培训。最后一个原因，讲求平均主义的学校规章制度规定，教师应一律平等。这种硬性规定压抑着教师对自己的关注。由于担心引起同事间的不良反应，教师不愿意在所有教职员工受到一视同仁对待的背景下成为群体里的突出分子。以上所有因素阻碍了教师领导力的发展。当教师领导力得到某些学校的广泛认可后，来自同事的领导已欣然被教学文化所接受。教师领导力是学校应对复杂的社会环境的关键。为了推动教师担负起领导的职责，支持者有必要阐明什么是教师领导力。

2. 教师领导力的定义

目前普遍认为，我们还远远没有充分理解教师领导力的含义。将教师领导力的定义与前景混淆的情况比比皆是。那么教师领导力究竟是什么样？教师领袖又是谁？之前在与对教师领导力感兴趣的团体交流访问期间，当时就有人要求阐明教师领导力的概念。现在我们又面临另一种窘境，由于教师领导力在教育专家的专业术语里一直很普遍，所以教育专家们不愿意去考查它的概念，因为每个人都相信他或者她理解其中的含义。

无论有没有兴趣阐述教师领导力的定义，我们都相信，有关定义的交流与表达为推动与支持教师领导力达成共识奠定了基础。

通过浏览大量教育文献、认真回顾以往的教育经验以及与教师领袖、校长和其他教育工作者的深入交流，我们总结出了教师领导力的定义，这个定义会随着我们不断的探索与研究而持续发展。我们总结的定义是：教师领导者为课堂与课堂以外的活动提供引导；认同并参与教师学习者与领导者社群；影响他人改进教学实践；为领导力成果承担责任。

（1）为课堂与课堂以外的活动提供引导

教师是课堂上能够胜任促进学生学习的第一人。如果教师被认为有很强的教学能力，那么该教师的领导力就会得到其他教师的认可。只有少数文献资料认为，同侪对教师领袖的影响是领导力合情合理的先决条件，这种合情合理的给予只有来自其他教师，而非职位头衔。我们经过接触发现，对领导力的合理性这一部分，教师都有明确的认识，有些教师甚至还表示，他们可以将很多教学技巧运用到与同侪的合作中去。教师可以不局限于课堂而成为改革的领导者，比如帮助同事达到所有学生的学习目标以及完成整个教学计划。

教师课外领导力的参与程度取决于教学环境、教学制度以及教师意愿。最重要的是，教师不需要将自己与教学工作和学习如何成为领导者相脱离。过去普遍存在的一种思想是，如果你是一名教师，要想成为领导的唯一途径就是离开课堂或学校。很少有教师对学校的行政工作感兴趣，如果他们愿意承担这项工作，那是因为行政工作似乎是他们唯一能够选择对学生产生深远影响的工作。成为一名学校行政人员是教职员工作取得成就的唯一途径，而这一职业目标正在被教师在校内外为自己的领导力寻找其他出路而取代。

对教师承担课外职责成为领导者的看法各有不同。当我们初次开展教师领导力工作时就建议教师，在投身课外领导力的同时继续授课，我们担心教师领袖会中断教学工作。随着教师领袖这一职务的正式出现，比如数学辅导员、新教师全职导师等，我们发现教师领袖虽然会离开课堂，但与其他教师仍保持着共事关系。他们的工作依然以改进教学方法为主，但仅限在同事的课堂上。时间的投入、工作量的增加，使得某些教师很难专职授课，也无法承担领导者应具备的职责。被正式授予职务的教师领袖能够帮助教师为教学改革做出有价值的贡献，只要其行政职责没有让他们远离教学、远离与同事的实质联系。

当然，领导力不局限于主导教师或高级教师这一固定群体。选择不离开课堂、在校内担任非正式领导工作的教师同样有价值与威信。凭借着教学技能与激情，这些教师通过闲谈、资源分享促进专业发展，或者干脆邀请其他教师来自己的课堂观课等这些非正式的方式帮助其他教师。

教师担任领袖角色使自己在实现职业价值的同时，维护教学工作的中心地位。虽然有些教师领袖在求职时会寻找行政方面的工作，但大部分担任领袖角色的教师不会把这些工作机会看作是向管理层方向的晋升。这些教师希望与学生保持密切接触，他们愿意担任与学生日常打交道有关的领导工作。

（2）参与学习者与领导者社群

在课外担任领袖角色的教师有机会与学校其他教职员工接触互动。阿克曼（Ackerman）与麦肯齐（2007）建议教师领袖“把成为企业团结协作的一分子作为生活梦想”（第137页）。如果这一梦想能够得以实现，教师则在学校的专业社群里学习。巴斯（2001）认为，“学习与领导之间存在强大关联”（第445页）。

虽然专业学习社群概念的出现是保证学校成人能够自学，而且合乎逻辑，但这种学校文化的实现相对来说比较少见。发展专业学习社群远没有多数人认为的那样简单。当教师领袖真正加入社群时，与精英团队不同的是，它会为每一位教师创造机会，使其成为社群的一分子。

教师领袖了解在“实践社群”或他们自己的专业学习社群与同侪共事的价值。在这些情境下，教师是在社会环境中进行群体学习，而非只是个体的学习。教师领导力在能够学习、分享和共同解决问题的专业人员之间自然的发展。

当教师领袖与校长将专业学习社群扩展到整个学校的时候，所有教师都置身于专业学习中。霍德对专业学习社群进行的考核显示，在改进教学方面，教师领袖是正式校领导的合作伙伴。学校专业学习社群的特征有五个方面：

① 支持与共享领导力：学校行政人员以民主的方式与教师共同参与——共享权力、权威与决策。

② 共享价值观与愿景：学校行政人员与教师共享教学改革的愿景，坚持关注学生学习、关心教员工作。

③ 共同学习并学以致用：教员共同学习并且学以致用（采取实际行动），布置高知识含量的学习任务并找到解决方案，从而满足学生需求。

④ 具备支持的条件：将学校的各项条件与人力资源作为一个专业学习团队，为人事安排提供支持。

⑤ 共享个人实践经验：同侪对教师的指导进行回顾消化并给予反馈，以此提升个人与团队的能力。

上述特征均在专业学习社群里茁壮成长的教师领袖身上有所体现。

有信誉的教师被授权在同侪的支持下承担领导的角色。大量从事专业学习社群的教师领袖，即使在正式的管理职务发生变动期间，也能够经常坚持开展教学改革工作。虽然学校与学区领导力的不连续性令教学改革困难重重，但专业学习社群为我们阻止对持续改革造成的干扰提供了绝佳的缓冲。

教师领袖还接触校外多种专业社群，他们参与全国教育项目、专业机构和其他校外改革活动，运用其他教师领袖网络改进教学实践。利伯曼与伍德（Wood）（2003）在文献资料中阐述了教师参与校外网络活动的价值。这些学习与领导社群可激励教师去认识自己的领导技能与价值，鼓励他们在发展专业知识与领导技能的同时，在学校内部承担领袖角色。

最后，教师领袖了解如何通过构建同盟与网络来完成工作。这些工作有助于他们齐心协力获得必备的人力、资金以及其他资源，从而为自己的行动计划提供支持。他们谙熟在校内运用社会动力学，懂得如何联络志同道合的人以及如何与持怀疑态度的人共事协作。凭借学校文化的健康与否，教师领袖能够构筑社群，齐心协力为学生寻找成功的方法。

（3）影响他人改进教学实践

教师领袖影响其他教师改进教学实践。我们提到教师领导力的时候，有一个关键词就是“影响”。或许没有哪个职业能够在实践中产生比教学还多的影响，因为学生就是每天在接受着教师的影响。将其中的技能运用到与同侪的协作中虽然复杂，但可以为教师领袖所掌握。

领导就是施加影响。教师领袖主要通过自身的领导力使自己具有亲和力，从而对别人施加影响，这是判断教师领袖能否与他人共享与学习的基础。席尔瓦、吉伯特与诺兰在他们对教师领袖的研究中发现，在工作中建立关系至关重要。还有，穆尼也曾写过其他教师描述教师领袖的报告，教师领袖被描述为努力工作、勇于创新、激励学生提高各种能力并乐于助人的一类人。

影响他人没有必要设立正式的职务。教师与同侪团结协作对他人产生的影响，完全与挂正式头衔、行使权力职务的个人一样有效。激励同事改进教学实践要靠教师的个人影响力，他们经验丰富、能力强，与学校的其他教员保持着良好的关系。每所学校都有积极的教师领袖，他们愿意尝试新思想，然后将自己的经验与他人分享。

如果教师领袖的行为表现得到同事的认同，同事自然会受到影响。教师领袖或许会“以激励的方式，凭借课堂专业知识和学习新事物的热情来帮助其他教师”。据我们所知，优秀的教师领袖是有追求的学习者，他们关注自己的专业发展和不断学习的模式。信息的共享、自我教学实践的明显改善是教师领袖与其他教师协作的有力支持。同侪信赖、坚持学习、把最好的教学方法传授给同事，这样的教师才能对其他教师产生影响。教师领袖在参与专业社群工作的同时，也相应地受到其他教师的影响。

在一个不轻易认同教职员工拥有可供分享知识经验的教学环境里，想要实现教师领导力是最困难的。对于希望影响其他教师、与他们为改进教学实践而共同努力的教师领袖来说，处理这种微妙的平衡关系是教师领袖面临的永恒挑战。除非这种关系能够达到平衡，否则教师只有分享每天与学生、家长甚至管理层之间的“战斗经验”，否则就会被孤立。

（4）为领导力成果承担责任

领导力为其目标成果负责，这是领导力定义的新内容。当我们与各教师领袖群体分享这一新内容时，他们都一致认为，对领导力负责是严肃对待教师领导力的关键。有一位教师就曾表示，“如果我们设计了领袖角色，我们还应有义务接受随之而来的责任。”因此，经过与教师领袖的多次交流，将其作为新内容使教师领导力的定义得以扩充。

教师进入领袖角色，通常是先发现一个有待改进的领域，之后着手对相关问题进行解决。这种寻找解决方案的热情能够激发教师产生各种各样的想法，同时需要投入更多的时间与精力。因为这些或其他一些原因，教师会失去信心，计划因此半途而废。而教师领袖会对计划持续跟进并为实现目标负责。

一名有能力的教师领袖将最需要迫切解决的问题作为目标，收集支持改革需求的数据，邀请志同道合的同事共同参与解决、获得改革资源。让学生对更美好的未来充满希望，这是教师永恒追求的目标。蒂奇告诫我们：“不付诸行动的希望等于幻想。”因此教师领袖要有远见卓识，采取行动，为获取成果负责。

持之以恒是成功的关键。由于职务权限问题，即便是被授予正式职务，教师领袖也明白，要想影响他人不得不依靠个人的权力，而为了实现目标，他们不会轻易放弃。费伦指出，要成为一名领导，应每天履行“不固定的责任”。虽然教师领袖或许只能获得部分成功，但他们意识到“聊胜于无”是循序渐进并有可能通向最终解决方案的重要步骤。

在有效专业学习社群学习的过程中，有教师反映，能够为校长提供支持的最重要的方式就是对决策方案的持续跟进。如果事实的确如此，那么也同样适用于教师领导力。信任是通过与他人接触并在对他人的依赖程度上建立起来的。为确保校长与其他教师对一名教师领袖的信任，领导力责任的持续跟进很重要。根据我们与校长就教师领导力的问题探讨发现，不愿意分享领导力其中最重要的原因是，教师在一项改进计划推行之初斗志昂扬并承诺带头实施，而之后却没有持续跟进、不了了之，校长因此觉得倍感失望。教师领袖不仅对此负有责任，还应对同事寄予相同的期望。

教师领导力的定义有助于教师从不同的角度理解领导力，同时鼓励教师对各自学校领导力的问题进行思考。与专制模式下的领导力不同，该定义与很多教师已有的行为规范更为贴近，它让教师充满自信并认识到，自己是领导或可以成为领导，而且依旧与同事保持着良好的关系。

基于上述定义的内容，我们在此分享三位潜在教师领袖的经历。每位教师都面临着自我提升、承担领袖角色的挑战。

3. 三位潜在教师领袖

三位潜在教师领袖主要阐述了对发掘教师领导力的展望，多数教育工作者会认同以下这些情形具有代表性。

（1）拉多娜（Latonya）

拉多娜是一位有五年教学经验的化学教师，在附近的大学参加了一项职前培训课程，她认为受益良多。她凭借学到的专业知识、教学方法以及沟通技巧开始了执教生涯，这些技能有助于她与学生、家长以及同事开展有效接触与互动。拉多娜与学校里经验丰富的教师共事，接受学校领导班子的管理，其中包括教师、家长、行政人员，还有当地几名社区成员。拉多娜与一个领导班子，或是学生取得成绩的四年级教师一起制订教学计划和授课。她定期为附近大学的师范生作指导。校长发现了她这方面的能力，经常建议她担任学区委员会的工作。她走访多所学校，寻找突破与创新。家长对她教学工作的反馈令她鼓舞，如果家长无法参加班级的家长会，她通常会进行家访。

现在，拉多娜正全力以赴投入到自己在教学改革方面的工作中。她担心的是其他教师对她有看法。他们会不会认为自己想进入管理层，即使她的实际动机只不过是想为学生和同事改进在学校的日常行为规范。拉多娜想知道，如果她为了便于教师将学习到的专业知识实现意见与资源的共享，而提议开设一个学习小组，其他教师会做何反应。拉多娜有时认为自己在会上表现得太过于自信，她怀疑自己是否因为提出过多的改革意见而冒犯了同事。她担心上周在学校改进领导班子的问题上让其他教师感觉受到了威胁。对拉多娜来说，最大的问题是自己如何行使领导力的方法问题。

（2）乔治（George）

乔治是一位在城市高中任教的音乐教师，他认识到教师领导力的无限潜力可能会对自己有帮助。两年前，乔治从职业表演乐队转职做了一名教师。他认真敬业，是一名很有能力的专业教师，在庆幸自己转行成功的同时，也经历了失意与挫折，因为他所执教的学校过于传统，缺乏变革。乔治在建议为满足学生需求增加几堂音乐课时遇到了困难。在他加入学校的咨询委员会后，他发现很多事情都没有完成，最后不了了之。他想，自己在校外社区的工作经历一定会对促进学校委员会的工作有帮助。

两年后，成为班主任的乔治决定攻读研究生学位。他还希望能够把研究生课上学到的知识与大家分享并运用，以解决自己在高校里遇到的问题。学校的考试分数可以再提高，学生辍学的比率令人担忧，类似这样需要改进的地方有很多。他感到，除非在美术系，否则既没有人倾听他的想法，也没有人重视他的专业。对继续前进，乔治感到踌躇，虽然他认为自己在很多方面可以做贡献。乔治在考虑，他的校长和同事是否会就全校工作为他的领导力提供支持。

（3）米兰达（Miranda）

米兰达是中学的一名特殊教育教师。20多年前，她在这个学校与大多数跟她一样的教师一起开始了执教生涯。最近这个学区新增设了两所中学，学区的划定有所变化。米兰达所在学校的学生生源也发生了巨大变化。米兰达和同事在多年执教工作中接触的都是位于郊区的中产阶级，而这一次她们执教的学生来自贫民区、家庭结构不稳以及毒品泛滥的街区。学生对之前的课程与教学方法的接受与反馈不是很好。米兰达知道，为满足背景各异的生源需求，学校需要进行改革，这种想法令她孤掌难鸣。她想帮助同事应对他们面临的新挑战，而不是加入他们，跟他们一起用以前用过的方法去解决问题。

她刚刚获得了全美专业教学标准委员会颁发的证书，对自己作为一名教师领袖的能力也更加自信。

米兰达想召集同事开一个讨论会，邀请他们解决面临的教学问题。她可能还会找校长，探讨关于找时间开展以中学教学方案为中心的专业发展问题。她想发起开展一些让从事普通教育的同事共同参与的协同教学方案。她相信，这些方法可以帮助教师处理生源变化引起的一系列问题。她已经为迈向下一步并施展自己的领导力做好了准备，但她想知道，这么做对那些不情愿参与的教师会造成多大的影响，他们似乎更注重维持现状。

类似拉多娜、乔治与米兰达这样陷入进退两难情况的教师不在少数。这些教师在各自学校的教学改进过程中，能够发挥更大范围的领导力作用。然而，行政人员、其他教师以及更重要的是学校的组织架构可能不会为教师的这番努力提供支持。对教师领导力正当合理的行为视而不见并不给予支持，可能会使这些教师对教学改革的努力受到阻碍。

我们对像拉多娜、乔治和米兰达这样的教师角色进行了广泛调查，认为学校确实存在巨大的未发掘的教学资源，而学校与学区内存在的大量的潜在教师领袖角色就是佐证。但令人意外的是，这些教师可能不会把自己看作是领导者，除非为他们提供展现自己领导潜质的机会。

4. 教师领导力的准备工作

以提高对教师领导力认识为主题的谈话会令教师受益匪浅。这样的谈话是教师思索教师领袖发展前景的前提。在教学系统内，学区工作人员经常让我们帮助校长确定教师领袖的人选。我们如何判断谁是教师领袖，或者谁具备教师领导的潜力？确定有正式职务的教师领袖很容易，因为他们有头衔，有指定的职责。非正式的教师领袖是以潜移默化的方式来实践自己的教学经验，其他人可能不易察觉。我们用三个形容词来帮助教师与行政人员确定潜在的教师领袖：“能力”（competent）、“诚信”（credible）、“亲和”（approachable）。教师一般都知道哪个教师的授课能力强，自然而然地会建立起自己的诚信，但亲和是一个更重要的特征。

有些教师能力强且有诚信，但却选择独立工作而不愿与他人协作。建立积极的关系的能力对成为一名教师领袖至关重要。

有价值的会谈可以通过提高教师个人的潜在领导力认识，或者对同事作为潜在领导者的认同来实现。我是教师领袖吗？我有成为教师领袖的潜质吗？教师成为领导需要具备哪些特征？我的哪些同事可能被选为教师领袖？如果这些问题的回答能帮助教师更加全面地理解教师领导力，那么他们或许已经做好准备以领导的角度来探索个人的专业发展问题，为同事的专业发展提供支持。

着手探究教师领导力的一个方法就是运用表1.1，这是一份衡量教师领导力准备工作的表格。一旦教师认为这是他们作为领导的职责，就可以用这份表格围绕领导力概念展开对话。在与对教师领导力观点不太了解的教师共事时，我们就可以运用这个工具，它对师范生或经验教师均有帮助。

5. 谁来负责?

负责教师领袖专业发展不局限于个人或是团队，这项工作通常由校长来承担，其他人则分担具体职责。大学与高等院校的教师、教务管理人员、学区行政人员以及校领导都可以是教师领导力优秀的倡导者。

（1）教师

教师负责为教师领导力提供支持。若教师领袖不邀请其他人共同参与，内在的教师领导力就无法被发掘。建立教职员工团结协作的关系是教师着手创建教师领导力成长环境的第一步。教师在校内的人际关系是教师如何看待承担领袖角色最有力的决定因素。校内的强势派系可能会对愿意承担领袖角色的教师给予鼓舞，也可能会进行压制。

表1.1　教师领导力准备工作评估表

针对以下各项表述，请用同意或不同意来表示。		非常不同意	不同意	弃权	同意	非常同意
1.	作为一名教师，我的工作有意义并且重要。					
2.	每位教师都应该影响其他教师如何思考、如何制订教学计划以及如何开展教学工作。					
3.	教师尝试新的教学方法，无论成功与否，都应该获得认可。					
4.	对于完成决策层(比如，学校董事会、州教育厅等)制定的教育目标，教师应有选择最佳方式的决定权。					
5.	我乐于观察并向同事提供反馈。					
6.	我希望花时间与同事讨论我的价值观与看法。					
7.	对我来说，迎得学校管理层和其他教师的尊重很重要。					
8.	我愿意帮助在教学中遇到困难的同事。					
9.	我能够理解同事、家长以及学生的观点。					
10.	我会腾出时间，帮助学校挑选新教员。					
11.	我尝试促进课堂教学与会上同事的交流工作。					
12.	教师间的团结协作能够对自身的教学实践产生影响。					
13.	我能够继续担任班主任工作，并成为一名教师领袖。					
14.	与同事协作比与他们竞争更重要。					
15.	我会花时间帮助学校开展专业发展工作。					
16.	我的工作对学校教学方案的总体成功贡献很大。					
17.	为新教师提供指导是我作为专业教师职责的一部分。					

续表

18.	中小学与高等院校的教师共事协作，彼此可以从中受益。					
19.	我愿意利用在校期间参与诸如教材、教学资源分配、学生作业与组织等方面的决议工作。					
20.	我很珍惜与同事在课程和教学方面一起共事的机会。					
21.	我积极并擅长与几乎所有的同事协作。					
22.	我具备专业知识与技能，能够帮助学生取得好成绩。					
23.	我承认并重视与我不同的观点。					
24.	我积极并擅长做好几乎所有的学生工作。					
25.	我希望在获得职业认可与重视的环境下工作。					

教师领导力准备工作评估　评分说明

1. 计算选择“非常不同意”的次数，乘以负2（−2），记下分数：________
2. 计算选择“不同意”的次数，乘以负1（−1），记下分数：________
3. “弃权”项不计分。________
4. 计算选择“同意”的次数，记下分数：________
5. 计算选择“非常同意”的次数，乘以2，记下分数：________
6. 记下合计分数：________

如果第6项的合计分数为35～50
你的工作态度、价值观与思想观念，几乎与教师领导力的需求完全一致。

如果第6项的合计分数为20～34
你的工作态度、价值观与思想观念，大部分与教师领导力的需求相一致。

如果第6项的合计分数为−5～19

你的工作态度、价值观与思想观念，某些与教师领导力的需求相一致，某些不一致。

如果第6项的合计分数为6～−6
你的工作态度、价值观与思想观念，很少与教师领导力的需求相一致。

资料来源：©专业发展中心，2004

（2）学校行政人员

校长或副校长能够鼓励教师的积极性，也能够使教师的积极性受到打击。这些正式的校领导是赋予教师作为领导的关键。他们是教师领袖在学校的主要模式，也可能是教师领袖可以利用领导力策略与技能的有效模式。为提高教学实践，校长愿意分享权力并成为教师领袖的学习伙伴，这是对教师领导力的有力支持。消除隔阂、分享资源、积极倾听是校长能为教师领袖做的首要工作。

（3）教务管理人员与学区工作人员

学校所属的较大的组织机构是学区。在拥有两个学校的学区或上百所学校的一个学区里，学区决策者的水平影响着整个系统的教员培训水平。这种影响可以是有形的，比如为专业发展之需配备教学资源；也可以是无形的，比如为教员的培训水平设定期望值。学校教务管理人员的变更由校长拍板决定，学区工作人员则为学校教师领袖的储备提供不同类型的支持，对其进行鼓励并让其自由选择。在学区里，教务管理人员和其他员工可以通过制定相应的措施政策、建立学区环境以及对教师领袖工作的积极倡导，为发展教师领导力提供保障。

（4）大学与高等院校

大学与高等院校在教师领袖储备中对师资力量的持续发展意义重大。对“领导力是一名教师的责任”的这种期望可以在个人的大学早期阶段进行培养。

各学校合作开展专业发展或联合培训，可促进教师与高校员工之间的联络。很多州正在研究教师领袖的标准与认证，因此，教授们开始着手审核各自的授课内容，确保自己的学生具备承担领导力的角色。大学或高等院校从开发教师领导力的专业知识、技能、思想观念与工作态度着手，为准教师准备教学方案。

全国正在兴起开设领导力实习教师的大学专业课程，这些课程里的领导力技能与教学方案里的内容一样重要。当教师从大学毕业后，我们的目标就应该鼓励他成为一名教师领袖。

6. 总结

教师领导力的庞大资源必须用于支持改进学生的学习状况。当教师意识到他们可以成为领导，并从大量角色中接受领袖角色时，教学工作就会产生积极的成果。教师在获得领袖角色、相应的专业发展与校领导的支持后，可着手组建一批教师领袖骨干来改善教学工作。教师在复杂、持续的教育改革工作中的重要性不能被夸大。

7. 应用挑战

（1）教师

① 通过在学校开展公开讨论的形式，帮助同事在改进学生学习成绩的过程中发现教师领导力的价值。保持积极的态度，分享领导力的概念，邀请其他人加入讨论。强调教学改革、师资保留的利好因素以及未

来教学环境持续改革的希望。齐心协力帮助校长了解教师领导力及其价值。

② 接触大量可用于个人发展并将自己培养成一名教师领袖的文献资料（参照“资料D”）。阅读专业知识、建立与其他教师领袖关系网络和在线交流，有助于增加对教师领导力的了解，同时有助于培养自身能力。

（2）校长

① 为教师成为领导树立自信。定期与未来的教师领袖沟通接触，真诚地倾听他们的意见与想法。对教师希望承担领袖角色的积极性予以支持，为他们消除成功道路上的障碍。设法为愿意承担领袖角色的教师给予奖励（比如，自由支配时间和资源、积极的认可、问题解决援助）。

② 让自己对教师领导力的了解变得更加专业，使之尽可能对学生学习成绩产生积极的影响。要明确自己是为专业培训与合作建模，工作方向是授予领导权，而非对教师进行掌控。与教师分享专业知识读物与资料。邀请教师参与教学方面有意义的对话。

（3）教务管理人员与学区行政人员

① 认识到推动教学改革需要自上而下、自下而上的共同努力。贯彻方针政策并付诸实践，为教师领导力铺路。考虑运用特殊的方式给予教师领袖支持，比如，提供可用资源、提供建立关系网的机会。

② 通过与学校行政协同合作，为领导力建模，方式是与校长和副校长见面、与教师领导共事。让学区里的行政人员对教师领导力有所了解，鼓励他们向教师赋权，就像你对他们赋权一样。

（4）大学与高等院校教授

① 在教师接受师范学习初期，向教师介绍充当领袖角色的概念。邀请师范生参与协作、锻炼技能，使其在专业学习社群蓬勃发展的学校环境里能够获得全面发展。强调教师协作与提高学生学习成绩两者之间的联系。

② 检查自己的课程与预备课程，为师范生创造机会，使其了解正式与非正式领导工作机遇的广阔职业前景。对授课内容进行评估，是否鼓励自己的学生成为领导者，而非追随者。

第二章　推动教师领导力

这对教师来说是一个新方法！我相信，教师在学校担任新的领袖角色会让我们更好地为孩子服务，对学生的学习成绩也会产生深远的影响。

贝特西·罗杰斯（Betsy Rogers），

2003 年度国家级教师称号获得者

了解教师担任领袖角色的原因、倡导权力与责任共享、为教师领导力设计发展方案，这一切已经让我们明确了自己的价值与思想观念。教师领导力拥有巨大潜力，能对教学改革产生重大的影响并提高学生的学习成绩，这是我们大力推动教师领导力的根本原因。明确了教师领导力的概念与原因以后，倡导者能够带领不情愿的教师和决策者展开讨论，思考教师参与的有效模式。

何苦要提出教师领导力的思想？这对我们所有关心学校与学生学习成绩的人来说意味着什么？首先，我们来研究一下教师领导力的基本原理。教师领导力可从四个不同但相关的观点来理解。

每一种观点都为推动教师领导力提供支持。在接下来的一章里，我们与读者分享我们所认为的，教师领导力在充分发挥潜力的情况下会带来哪些益处。我们在本章结尾处提出八种假设，这八种假设是本书的理论基础。

1. 教师领导力的基本原理

促进教师领导力的原因基于四个观点，每一个观点都是捕捉创建教师领导力原因的眼睛。当然还有其他观点，但经研究发现，这四个观点对我们发展教师领导力最有帮助。这四个观点是：

构建组织能力；

民主社群建模；

教师赋权；

提升教师专业化水平。

（1）构建组织能力

我们对教学的了解已在21世纪初期实现了质的飞跃。认知派研究人员向我们传递的知识，使我们过去对“如何”（how）学习、“谁”（who）可以学习这种思维认知面临着巨大挑战。很多教育专家因受《不让一个孩子掉队》法案的压力而沮丧，但其中一个明显的好处是关注所有学生的学习成就。虽然这是一个高尚的目标，但在现实中，我们社会中的很多教育专家和其他人受教育的环境是：某些学生因为身份、背景被寄予厚望，而另外一些学生则得不到太高的期望，甚至可以不及格。我们不再对这种教育体系抱有任何奢望，因为所有学生，如果想在不断变化的世界里成为有用的人，就必须具备高水平的认知能力。

如今，形势变得更为严峻，对所有教师与学生的期望也开始有所动摇。针对教师专业学习的必要性与重要性，雷斯尼克与霍尔提出了一个强有力的观点，从学习的旧理论转向新理论。

表2.1　教学从旧理论向新理论的转变

	旧理论	新理论
学习	通过实践与奖励建立关系并加强联系	利用背景知识了解自己的想法，指导自己的学习意图
授课	将课程按顺序分解成各个模块 频繁测验 反复练习直到知识掌握 各课程模块间的关联很小	有系统的授课，帮助学生构建学习意图，掌握知识
教师	研究并实施外部机构制定的教学方案	提出问题与挑战，让学生负责寻找解决问题的答案
学生资历	主要靠遗传 对某些学生降低期望，不教授有难度的课程	遇到问题进行反思，努力提高所有学生的能力

资料来源：源自雷斯尼克与霍尔，1998

表2.1是新旧两种理论对授课、学习、教师角色和学生资历看法的比较。人们希望摆脱“读死书”的方法，普遍认可“知识结构主义”法是学生最佳的学习法，但这些方法对教师的专业学习来说含义广泛。“知识结构主义”法取决于教师在专业领域、授课和学生学习方式方面具备深厚的知识功底，这些必备条件对教师的学习有严格的要求。

为满足教师学习日益增长的需求，专业发展专家采用专业学习社群的模式，为教师提供协同合作与学习的场所。提倡这种模式的原因有很多，但最重要的是学校必须具备构建组织的能力，使教师能够给自己从未体验过的新教学类型做备案。

虽然教师独立自主的教学个性神圣不可侵犯并且重要，但从某种角度来说，校领导构建的学校环境必须既要尊重教师的个人主义，同时又要坚持学生学习与所有教师专业学习质量的统一。

增强学校凝聚力、鼓励集体学习的关键就是构建教师领导力。师资力量的保留可以通过行政部门岗位流动的方式来实现，从而使教师与学生学习的积极性得以维护。因此，在专业学习社群里集体学习不是跟风赶时髦，而是构建和强化组织能力唯一合理的方法。

（2）民主社群建模

当我们在20世纪90年代编辑本书第一版的时候，教育群体正在努力寻找教学重组的模式。由于提高学习成绩的压力主要来自私立机构，因此教育改革偏向商业模式。学校尝试改进他们的产品——学生的学习成绩——诉诸优秀的团队、战略计划以及其他商务管理模式。但结果却常常是，精心设计的商业模式被解读成了机械化的教学方法，教师纷纷提出反对，因为这种方法太浪费时间，学生收效甚微。

随着教育商务管理法的破灭，教育专家把目光重新转向教学的哲学根源——民主。很多教育专家承认，民主的社群是解决教学复杂性最好的方式，反映了学校环境的独特性。另外，教师在课外担任领袖角色后，学校就开始变得民主，而一个学校的文化越民主，“学生对民主管理模式的信任、实践与拥护就越多”。依靠学校里所有成员的智慧与能力来共享领导力，这恰好反映了民主的原则。然而如今随着对教学绩效考核的关注，民主一直被很多学校所忽视。

构建民主社群需要校长与教师双方拿出勇气，因为这项工作并非易事。教育专家在民主建模过程中至少要面临四个挑战。

首先，领导力在很多组织机构里无所不在。校长、教师与其他教职员工基于专业技能、兴趣爱好以及个人需求来承担领袖角色。这种领导力的预期结果是，让能够解决常见问题的教师或其他教职员工分享专业技能，从而使每个人都能从他们的成功经验中受益。而对这一目标的实现形成阻碍的可能是该校的学校文化。同事对分享的做法是接受还是反对？是否有教师领袖将自己的个人需求置于学生需求之上？学校是否只依赖少数几名教师的专业知识与技能，且无论他们对教师领袖职务的态度积极与否而没有向每位教师轮流提供展现领导力的机会？

其次，学校的行政人员可能不愿意通过民主决定的方式共享权力。在成为潜在行政人员、攻读研究生课程期间，他们学习的是如何应对学校规章制度、人事诉讼和经费预算相关的难题，因此共享领导力会令他们担心随之而来的风险。又或者，他们因对学校中央管理层的决定还留有一点可操作权而愿意共享权力。虽然我们希望所有校长愿意让教师参与制定决策，尽管要承担严格的法律与财政责任，但实际上，一项全国调查问卷表明，“所有接受调查问卷的教师感觉被忽略，70%的教师认为自己被排除在决策过程之外”。

再次，教师和校长可能会把学校描述成一个大家庭，以表明他们在群体里的参与情况。这种和谐、亲和的氛围，无论是真实的还是刻意的，在令人感到舒服的同时也不堪一击。用家庭做比喻是对等级阶层的保护，在这个阶层里，学校管理层是家长，其他教职员工是独立的子女。另一方面，一个民主社群假定所有的参与者都平等，通过参与创造价值。

最后，民主社群里的领导还面临着另外一个尴尬。民主社群里的成员对重大决定不同意，且不具备解决分歧的有效手段时，矛盾随之就会产生。教师违背教学理念的对抗行为令人望而生畏，由此可能在教职人员之间产生隔阂。比如，对教师来说，进入各个年级跟踪学生的表现情况可能是一种值得提倡的有效方法，但有可能与学校公平公正的教学理念相矛盾，并且当想跟踪了解情况的教师碰到支持学校教学理念的教师时，冲突很有可能由此产生。

我们的学校若想成为民主社群，就必须给民主的协作类型建模，而非培养利己主义，这对参与民主形式的赋权教师来说是十分必要的。

（3）教师赋权

组织机构的发展与领导力理论认为，组织机构内各阶层个体的积极参与对改革的实施与持续贯彻必不可少。20多年前，在发现教师的特点与客户最为接近之后，改革家们意识到，除非让教师参与决策创新，否则改革成功的机会微乎其微。同样的，卡内基教学促进基金会成员麦若夫描述了在该基金会开展的一项问卷调查中，教师对参与学校决策的感受。教师们表示，他们参与的决策实质上只有课堂和学校制度这两个方面——选择教科书和教学材料以及课程设计。而在另外八个领域里，教师觉得没有涉足：

制定学生行为规范；

决定是否对特殊班的学生进行跟踪了解；

设计教职员工发展计划与在职培训；

制订晋升与保留计划；

决定学校经费预算；

教师绩效评估；

选拔新教师；

选拔新行政人员。

如今，这些领域仍然与教师相关，但没有几个学校赋权教师在所有领域，甚至其中某些领域参与学校决策。英格索尔在对学校的权力、管理和责任的广泛研究中发现，教师对全校和班级关键决策的支配权越多的学校，其问题学生就越少，教师与学校管理层之间就越团结，认真尽职的教师就越多，师资保留也就越有成效。

学校努力构建有建设性的教师—管理合作伙伴关系，制定的决策最终会对学生有重大影响。校长最终发现，教师赋权并不意味着自身权力的丧失，而是自己在组织架构内的权力获得了提升。校长跟我们分享与教师领袖共事的经验时还表示，他们因压力得到减轻而感到惊讶，因为他们不是唯一在学校肩负着责任的成年人。我们还遇到过一些校长敢于放弃自己否定教师领导小组决议的权力。达到这种程度的合作起初并不容易，因为这需要校长培养其他教师承担职责的能力，但通常是效果要比投入更有价值。

当权力被分享，领导力的含义不再指某一个人，而是指在不同状况下的掌权人的职场环境里，人与人之间流动的一种象征。没有权力，你能领导吗？只有学识渊博的教师才可以拥有权力吗？权力的概念令很多教师感到不适，他们可能觉得“权力”（power）这个词带有一种贬义。赫西与内特迈耶对两种权力——职位权力与个人权力进行过表述。一个人通过正式授权获得职位权力，比如，填补岗位空缺，或者受总公司指派担任具体职务。与之相反的，个人权力是个人行为产生的结果。表2.2是这些权力基础的一个综述，这些权力基础为学校各级领导们所用。在与学校其他成年人的关系中，教师主要依靠个人权力基础。影响他人的能力依赖于教师领导的人际关系、他人眼中的教学能力以及具备其他人想掌握的知识。

（4）提升教师专业化水平

每一个班级必须由一名专业教师带领。为了实现这一目标，这些受人尊敬的教育工作者的专业认同、专业发展与持续支持必须受到重视。确定教师专业化水平其中的一项基准是个人自我支配工作的能力。

表2.2　权力基础

职位权力	个人权力
“奖赏性权力”，是在权力的基础上决定奖励分配。当教师想参加一个全国性的会议时，通常是校长对教师的要求给予批准，作为对教师的奖励。	“参照性权力”，是基于对领导身份的认同。对于一名经常授课、了解课程并掌握学生学业进度的校长，教师可能会给予认同，因为他们会认为校长的行为与他们更接近。
“合法性权力”，是在权威的基础上对行为做规定。校长受学校董事会指派，有权在学校行使权力。	“专家性权力”，是基于领导者的专业知识或技能。业务能力强的教师能够对他人产生影响，因为该教师在校内的诚信较高。
“关系性权力”，是基于领导与学校组织架构内部或外部有影响力的人物关系。学校的教务管理人员通常被认为在校内外拥有关系性权力。	

资料来源：摘自赫希与埃默里克，1979

赫希与埃默里克代表教学质量中心的报告指出，在实施教师工作条件调查的五个州里，教师反应“如果他们获得充足的时间来支配工作，那么他们的学生就会学习”。

在问责制时代，教师被施加于各种规定，很少有教师说感觉自己像专业人士。一切确保所有学生学习的努力已经走上了更多掌控、命令与施压的道路，却没有将教师作为专业人士，对其智慧与能力给予尊重。而且，这些变化导致很多教师觉得力不从心，教师离开教育岗位的情况已屡见不鲜。教师十分清楚一名专业教师应具备的专业知识与能力。如果让教职员工阐明专业教师的定义，他们可以毫不犹豫地告诉你。

梭克特（Sockett）发现，教师认为专业化水平主要表现在以下几个方面：（1）品质，（2）致力于改革并不断改进，（3）学科知识，（4）教学方法知识，（5）课外义务与工作关系。

舍恩（Schon，1987）在与一些“反思性实践者”进行的学术研究工作中发现，专业人士的工作不受官僚规章制度的干扰与支配，而是遵循原则并为实践行动设计自己的准则与指引。以硬性规定的教学大纲来规范教师工作，决策人的理由是，相比一个资质平平的教师的授课，一套经过精心设计的教学方案显然要更好。虽然我们认识到，一套教学方案的成功执行要比一堂无效教学要好得多，但同时我们也怀疑，一个没有能力的教师坚持使用科研型的教学方案，其效果能否如设计者所愿。更好的方法是：号召学校的教师领袖为教学效果不理想的教师提供支持。

尽管教师领袖的数量与其角色的多样性都在不断增加，但大部分教师仍然没有把自己看作是专业人士，因为他们的工作领域只限于教室，他们对更大的教育社群的理解受到了限制。英格索尔与史密斯研究教师流动率时得出结论：在第一个五年里，有40%～50%的新教师离开教育岗位。为什么他们要待在被孤立、又得不到专业对待以及与其他成年人有限接触的工作岗位？当我们询问校外的教师领袖与行政人员是否愿意回到课堂时，表示愿意的人寥寥无几。他们不愿意回到课堂的原因，不仅与有限的福利待遇有关，还因为任课教师经历过的孤立无援与有限的专业发展机遇。

2. 教师领导力的收获

讨论教师领导力的中心思想是为了挖掘这一丰富资源的诸多优势。虽然，在明确教师领导力与学生学习成绩的关系方面还有大量的研究工作有待完成，但由于种种原因，我们将希望寄托于20多年前完成的教师领导力的研究结果上。

我们对学生、家长、学校、教师的同事以及最重要的教师领袖自身获得的以下收获一一进行表述。

（1）专业效能

当教师视自己为领导者时，他们发现了通过自己的行动对学生的学习产生影响的巨大潜力。这是我们多数人要成为教育工作者的首要原因——对我们的学生产生影响。教师取得教学成果并相信自己对学生产生影响，即是教师专业效能的展现。这种教学的效能感鼓励教师将学生成绩的掌控重点转向自身，而对于诸如学生家庭环境这种超出掌控范围的因素，则不给予过多归咎。将教师领导力与教学效能相联系，有助于教师体会如何与更多的学生接触。

（2）保留优秀教师

教师孤立、缺乏专业发展阶梯、低薪资以及领导机会的缺失构成了教师职业的特性。普遍观点认为，教师短缺的问题根本就不存在，而是我们没有保留优秀的教师，这是一个“花多少钱也解决不了的问题”（全美教学与未来委员会，2007，第4页）。我们倡议将学校改造成教师领袖团结协作的工作场所，这样能够提升教师的工作环境满意度，激励有才华的教师留在教育工作岗位。增加教师领导机会能够促使教育工作成为一个更加向往的职业，有助于保留优秀教师处理教学改革中的复杂工作。

（3）克服改革抵触心理

由某些校外机构和常规化的教学规章制度发起的各种改革创新，长期待在教育系统里的教师已不再憧憬。未能让教师参与实施改革创新会产生改革抵触心理。有威信的教师领袖能够影响并带动同事对选取的课程进行检验，并就是否尝试新的教学方法做决定。当教师领袖参与制定改革并带领实施改革时，抵触心理就会减少。

如果有教师了解到另外一名教师在新教学方法上取得了成功，而这个新方法又与自己所认为的最适合学生的方法相匹配，那么这种新的教学方法很有可能被采纳。教师领袖的影响与带动会引起全校实施改革的连锁反应。

（4）职业提升

改变教学改革中的吹捧问题，关注的焦点通常是无效教师。或许更重要的是，如何提供一个让优秀教师在整个职业生涯中得到不断激励的工作环境。教师领袖为学校的成年人提供机会，扩大他们的影响领域。教师可以探寻横向提升自己职业的途径与方法，而不是传统职场的向上攀升，直接进入管理层，可通过领袖角色挑战来激发教师的积极性。

（5）提高自我绩效

人们寓学于教。在领袖角色下，教师通过帮助其他实践者提高自己的授课技巧。担任教职员工指导、同事辅导和课程项目专员的工作使教师有机会在帮助他人学习的同时，对自己的教学方法进行检验。这种类型的工作鼓励所有参与者进行反思。通过全美专业教学标准委员会认证的教师表示，对教学实践进行反思是一个有意义的学习过程。教师领袖在自己和其他教师的课堂内，通过观课与辅导、组织教职员工学习小组和开展行动研究等方式进行学习。

（6）影响其他教师

对于新组建的学校，其整个风气受校长影响，但校长也只能接触有限的几个人。G.唐纳森建议，校长对于“自己可以成为全校每个人的领导”这一概念必须予以否认。校内外的各项需求令校长应接不暇，教师领袖可以与校长协作，这为教师鼓励其他教师提供了机会，也能对校内的教学实践与方针政策产生影响。教学能力强的教师领袖对同事尊重，对新教师给予辅导，帮助他们改进教学实践、提升其他教师的教学能力。

（7）为教学成果负责

由于权威部门制定决策要向那些贯彻决策的人靠拢，因此教师为学生学习成绩所承担的责任就更多。在高利害测验的压力下，校长出于一种责任感，通常牢牢掌控着决断权。集体承担学生学习成绩的责任有助于校长放权，逐步实现领导力与责任共享。教师不愿意对自己掌控不多的教学领域负责。由于教师被授以决定学生学习课程与教学方法的权力，因此他们更了解该如何为学生学习成绩负责。教师领导力最终的价值是改进教学实践，提高学生学习成绩，校长与教师可以为两者共同承担责任。

（8）持续性

教学改革创新的引入与有效利用需要时间。若不计改革范围，时间是确保教师与学校其他教员有效运用创新的关键因素。依赖于学校的某一位领导推行创新是有风险的，因为学校的整个系统将校长、离退休骨干教师和其余在职教员都转移到不断推行改革的工作中来。而我们知道，出色的教学领导力对教学成果意义重大，同时纵向研究成果还告诉我们，当出色的教学领导力从一所学校消退时，改进计划通常会放缓、停滞，甚至倒退。教师领袖能够发挥重要作用的关键是，承担推进改革责任的同时在学校组建新的领导力。

3. 教师领导力假设

在给出了教师领导力的定义后（见第一章），我们讨论影响教师领导力的几种假设。这些假设会随着我们与教师领袖和其他同事的不断探讨而发展变化，他们感觉这些假设令他们充满激情。

我们鼓励其他人参与专业社群里有关这些假设的讨论，这有助于更好地理解教师领导力。虽然这些假设比我们以下“二选一”的表述要复杂，但两种选择放在一起可以促进交流。

假设 1　所有教师 VS 选拔教师

这是有关教师参与领袖角色的两种完全不同的假设。有些人认为，教师领袖角色应该给予少数经过选拔的教师，而另外一些人认为，应该将赋权与专业角色留给更多的教师。以有意义的形式让教师参与领袖角色，很多校长引以为豪，比如：制定决策或提供专业发展计划。实际上，这些领袖角色可能只是给呼声较高的少数人准备的。只有少数人参与的领袖角色会向其他人传递一种消极信息。被指定担任领袖角色的教师是专业教师，而其余的教师是执行他人决定的技术员。

我们给教师领导力下定义，其重点是让所有教师参与领导行为，以实现在每所学校构建一个教师领袖社群的目标。要想培养每一位教师的领导力，建立人际关系与挖掘每个人的技能、天赋或激情的职务定位必不可少。

假设 2　正式与非正式领导二选一 VS 正式与非正式领导兼备

非正式领导是在教师的兴趣与学校内部需求的基础上形成的，与之相反的，正式领导角色有职位描述的定义、得到学区与校本行政部门的认可，是构成学校组织架构的一部分。教师领袖角色的两种形式都对学校的良好运作至关重要。

有人认为，教师领袖只应在有影响力的专业学习社群里出现。这种非正式的领导需要依赖于健康的学校环境、有竞争力的教职员工和教师团结协作的意愿。尽管这种模式应成为每所学校的目标，但还有相当一部分学校远没有达到。实际上，由于时间紧迫、师资力量参差不齐、生源数量不断变化，大部分学校必须依靠正式与非正式教师领袖角色兼备的形式。但教师领袖角色的形式应由学校与学生的需求来决定，而非受到选择的限制。

假设 3　课堂型领导 VS 管理型领导

教师希望与其他教师协作，其最困难的决定是该不该离开课堂。我们的观点是，教师领袖如果愿意，可以留在课堂。他们仍可以借此机会对课堂的学生以及整个学校发挥重要影响。很多学校设立了组织机构，让教师在课堂之外也能够行使领导力并继续发挥教学方面的作用。比如：教师可以利用一天的某个时间授课，余下的时间在教室辅导其他教师。

与单纯地认为教师接受权威部门的任命、扮演监督同事的角色相比，教师领导力着重呼吁教师的教学兴趣，这对大部分教师更有成效。有关课堂型领导与管理型领导侧重差异的讨论，让教师审视自己如何取得同事相处与学生教育的成功，而不是与他们相脱离。大量领袖角色的产生，比如一些阅读与数学方面的辅导员，他们游走于两种领导力的观点之间，在没有行政部门授予的职位权力的情况下学习影响同事的方法，这已经是对教师领袖的巨大挑战。

假设 4　教学焦点 VS 组织架构焦点

很多教师发现他们参与的学校各项改革，其成果不尽如人意。在学校事务上消耗的时间与教学投入获得的回报不成正比令他们深受打击，这些专业教师变得灰心沮丧。持续不断的会议与讨论可能并没有集中在日常教学上。本意是执行教学改革的一些校本管理机构，有时在某些事务上停滞不前，对学生需求的关注度也不够高。

教师领袖不应受管理机构的局限而成为影响教学的唯一途径。通过担任示范课教师、同事辅导员、行动调研员和学习小组领导等工作，教师获得了巨大潜力，进而对教学成果产生影响。这是很多教师领袖希望关注并甘愿投入时间与精力的领域，教师领袖希望从事让学生直接受益的工作。

假设 5　绩效问责 VS 无效能

与共享领导力并行的是共享问责。教师领袖同时承担领导力与之的机遇与责任。正如与教学工作息息相关的人要对学生的学习成绩负责一样，教师领袖也要对自己的职务负责。单纯为教师开启领袖角色可能对提高学生学习成绩的作用不大。只有教师在获得参与机会的同时为教学进展负责，由教师领袖引领的教学改革才会有意义。教师的全部工作则可解决实际问题，并且依据教学改革的具体成效与学生学习成绩的积极影响，对自己领导力的绩效成果加以衡量。

假设 6　天生的领导者 VS 后天习得的领导力

天生的领导者这一概念是不切实际的。虽然有效的人际沟通技巧和高度的工作积极性是选拔领导时需要考虑的先决条件，但领导技巧是可以通过学习获得的。大量致力于领导力研究的课程、书籍和刊物证明，人们具备学习领导技巧的潜力。很少有教务管理人员会招募没有教育领导专业研究生学历的人担任校长或是课程主管。我们相信，如果教师领袖没有有效的专业发展就承担领袖角色，那么他们会捉襟见肘。教师领袖必须被赋予机会将习得的领导力付诸实践并应用。他们的校领导与学区领导也要承诺，鼓励和培训教师领袖运用领导力知识与技巧。

假设 7　以结果为导向的优质的专业发展 VS 无系统的员工发展进修课

教师领袖的专业发展需要诸多投入。与参加零散的、以引进教学策略为目的的进修课不同，我们建议教师领袖从校内外的团结协作中受益，并在自己的教学实践中加以体现。为加强教师领袖的培养，采用有计划、有目的的系统化方法是教师专业发展的关键，而非盲目的推行一项松散的行动方案。教师领袖长期的专业发展需要灵活多变的工作嵌入式学习、调职跟进、教学环境应用以及与同事共同坚持参与校内外学习社群。教师领导力需要超越这种思想观念，即教师能够轻而易举地将研究生课程与在职培训的理论知识应用于课堂实践，教师领袖要求教师解决每天在课堂与学校遇到的各种问题，自己创建知识并愿意与同事们分享。

假设 8　反思型专业教师 VS 技术型教师

在不经过教师表达意见的情况下制定决策，是刻意要求掌控决策权的学区主管或校长贬低教师领袖角色。当学生学习与成绩成为关注的焦点时，教师不再被视为掌握一定技能的技术员，而应该让教师从事通过不断学习进行探究与反思的脑力工作。担任领袖角色的教师把自己看作是改进学生学习方法的调研员、学者和问题解决者。这些都不是技术员的工作角色，而是专业教师运用自己的技能解决学校独特问题的角色。教师从事教育职业，期望自主开展创造性的教学工作。

在如今强调学术标准与问责制的形势下，有一种观点令教师感到鼓舞，也面临着新的挑战，那就是教师有责任设计教学方案，帮助学生实现学习目标。遗憾的是，在教学生涯刚开始不久，很多教师就发现他们没有自主权，因为他们面对的很多政策规定束缚了在工作中自主决断的能力。

专业教师需要自主权才能满足学生各自的需求，或许像课外教师一样，他们友善并且知识渊博，不用每天从事教学工作，而每个学生的授课反应，他们也没有直接地了解。当然，很多学校在过去20年里教学改革的失败告诉我们，教师按照规定的指令或运用“教师资格”教材，其教学实践并没有得到提高。

这些假设是驱使教师领导力定义不断发展变化的主要议题，本书其余章节里会再次出现。

4. 总结

教师领袖在我国各所学校还远未达到普及。自20世纪90年代初我们从事教师领袖工作至今，完成了不少项目研究，发表了各种论文，有关教师领导力的书籍与文章也开始增多，但促进、支持与贯彻教师领导力仍需要大量的努力与工作。教师领导力的基本原理源于构建组织能力、民主社群建模、教师赋权以及提高教师专业化水平。教师领导力的益处正在为公众所获知，而且对于之前的研究发现，比如教师效能、改革可持续性、师资保留等，我们已经做了记录。然而，仍有大量工作需要通过研究证明教师领导力与学生成绩之间的联系。正如我们在探寻教师领导力的价值时形成的思路一样，我们相信其他人也会在思索概念的各种假设后有所收获。这个过程让我们相信，当学校发挥了教师领袖的潜力时，教师、行政人员与学生都会从中受益。

5. 应用挑战

（1）教师

① 在学校为愿意参与讨论教师领导力价值的人成立学习小组，邀请参与者阅读本章提到的几种假设并分享感受。

② 家长可加入推动学校与学区的教师领导力活动。寻找机会分享教师领导力的思想观点以及会给学生学习成绩带来积极影响的好处。号召家长对决策者施加影响。

（2）校长与副校长

① 学校创建的专业民主社群要达到何种程度？思考为鼓励教师参与和贡献的方法。制定策略，让教师更充分地参与决策。

② 反思构建组织能力的方法。我们如何利用数据让教师满足学生需求，以使学生获得时间与机会学习。

（3）教务管理人员与学区工作人员

① 反思所在学区的教师保留率。教师孤立、缺少专业阶梯、缺乏教师参与是专业教师高流失率的普遍原因。利用在校期间观察教师工作条件，思考你所在的学区如何以内部奖励与个人专业成长和发展机会的形式，为教师的工作做出积极改变。

② 与学区人事工作人员讨论教师领导力为学校与学生带来的潜在益处。检查自己的工作，作为学区领导，如何推动教师参与学校的领导工

作，在承诺的同时付诸实践。邀请校领导参与类似问题的讨论，制订计划推动学区教师领导力的发展。

（4）大学与高等院校教授

① 探讨你所在的院校如何聘请周围学区的教师领袖给大学生讲课、辅导，或与院校的教职人员参与校区委员会工作。研究他们作为领袖参与其中会对自己以及学生授课的质量带来哪些影响。

② 与学区合作伙伴共同制订一份合作调研计划，邀请他们对教师领袖在学校和学区以及教师领导力与学生学习成绩的关联性进行评估。

第三章　培养教师领袖

或许很难想象，一群疲惫不堪的教师穿着休闲鞋和牛仔外套于下午3：35在学校图书馆集合——没有足量的现磨咖啡，更没有每天薪酬1000美元的专业培训师——商讨解决教育领域的实际问题。但他们可以，并且做到了。

南希·弗拉纳根（Nancy Flanagan），音乐教师领袖

在过去的20年里，我们通过参与教师自身的专业发展深入了解教师领导力。大约在15年前，当时我们坐在南佛罗里达大学校外的草坪上，分享与交流学校和学区管理人员在开展领导力培养工作中遇到的挫折，这其中也包括当时我们在这方面所缺乏的影响。在那次交流中诞生了一个想法，那就是我们遗漏了一个不容忽视的、拥有教师领袖潜力的群体，这个群体的成员就是教师。我们扪心自问该怎么办，最后决定我们所能做的就是，创造在教师中间培养领导力的方法。于是，培养教师领导力的工作就这样开始了。

结果，我们对专业学习的关注重点转向有潜力的教师领袖。虽然我们知道，有效的专业发展是使所有教师，尤其是教师领袖发挥全部潜力的关键，但经过了几年的初步努力，仍有大量工作有待完成。我国各学校开展

教学改革、提高学生成绩，显然与教师的大批涌现有关，这些教师拥有领导力知识和技能，能够带动其他教师学习并改进教学实践。过去的工作是，教师集中在一间教室里接受三个小时的在职培训，这种传统的专业发展形势是无法实现的，虽然这些工作完全体现了出色的专业发展既切合实际又认真严谨。斯内尔与斯汪森指出："如果（我们）要培养大批教师实现具有挑战性的目标，首要的一步是为所有教师提供更多机会参与形式严格、内容丰富以及学院式的专业发展。"像所有教育工作者一样，这些教师领袖应获得高质量的专业学习经历。教师领导力与教师学习密不可分。教师领袖可以培养专业知识技能与看法，让自己先顺利开展教学工作。之后，随着学习者不断为有效教学实践建模，他们能够影响同事并带领其他教师在校内和学区内开展改革工作。

我们不能要求教师不经过任何准备或培训就承担领袖角色，因为他们似乎只是从直观的角度去了解如何与同事相处。帕特森告诫我们，"赋权最糟糕的形式是，在没有经过必要的培训的情况下，就任凭人们去实现在未来新环境下才能够发挥效用的组织价值。"通常情况是，我们认定有"能力"（competent）、"诚信"（credible）和"亲和"（approachable）的教师深谙教学之道，是现成的教师领袖。他们应该知道如何与其他成年人一起工作，了解学校的改革程序，深刻领会领导工作存在的潜在挑战。当我们把目光投向其他正式领导职务的个人时，比如校长或副校长，就会期望这些未来的管理者做好充分的准备，满足广泛的教育需求。学校行政人员的研究生计划需要大量的研究生课程。

在我国各州，要想获得证书，申请人需要通过能力测验考试并顺利完成行政实习工作，也就是考生要参与实践并获得领导力技能的意见反馈。

教师被要求与同事一起，担任可能会让最有才华的校领导面临挑战的角色，而不是被分配一些大量的准备工作。那么，在这种经常且迅速放弃领袖角色行为获得证明以后，教师领袖陷入了他们本以为懂得如何处理的复杂的领导环境中；而当自己面临无法解决的问题时，他们就会自责或埋怨他人。其后果是领导力的耗尽，而实际情况往往是，这些教师放弃领导机会，仍然在自己一亩三分地的教室里寻求安稳。

由于教师领袖能够对其他教师的学习产生影响，因此，学生的学习成绩、学校以及学校制度有义务为他们提供整个职业生涯的领导力培养计划，让他们为影响其他有利害关系的人做好准备。教师领袖的培养必须从全职生涯的角度出发。东南教学质量中心（2002）“意识到教师的不断成长，让参与者勇于设想自己作为专业教师所应承担的重大责任”，在实习教师求学期间，教师领袖的培养从授课内容开始，包括介绍教师领袖的概念、建立自我认知和领导力技能构建。所有这一切是教师初入职场、职业生涯早期及以后教师领袖培养的基础。

本章我们将阐述如何呈现培养教师成为领袖的职业生涯学习机会。首先，我们分享有效的个人专业发展规划，教师领袖需要了解哪些内容、如何利用专业发展规划的原则指引他们与其他教师共同学习。随后我们提议，对大学生进行领导潜力职前培养。其次，我们分享自我评估工具，帮助个人确定判断如何成长为教师领袖，该评估工具还可在教师入职并认识领导机遇时使用。之后，我们概述了经验丰富的教师领袖持续学习的方法和行动计划与职业生涯发展规划所需提供的支持。最后，我们为教师领袖培养建模，并以此作为各阶段领袖培养的框架。

1. 教师领袖的专业发展

过去十年里，大量反复的论述与报告一种思想观点，既简单又复杂。简单来说，要想提高美国的教育水平，就必须培养优秀的教师队伍，转而运用其知识、技能与特质为日益提高K-12学生的成绩水平提供保证。通过培养教师技能来实现这一目标并非易事，其需要通过复杂的方法扩充专业知识，再转而改变教学方式。应对这一挑战的关键是增加教师整个职业生涯的学习机会。教师领袖是实现目标的核心，因此，他们的领导力培养至关重要，需要整个职业生涯的贡献投入。

（1）个人领导力培养的职责

当教师领袖和其他教师共同参与专业学习的时候，包括数据研究、合作计划、教学改进、提供辅导等，他们在影响他人学习的同时也促进了自己的学习。当教师学习并有效运用领导技能后，比如有效沟通、承担团队领袖角色，或者倾听并了解他人的想法与感受时，他们与同事的团结协作就更加成功。

我们总是希望学校机构领导能够认识到自己的职责，为教师提供完善的领导力培养计划，让所有教师在个人发展的同时也能够获得集体发展，但常常事与愿违。教师领袖应该意识到并运用自己的影响力确保学校、学区以及高校为自己提供大力支持。拥有完善的专业发展计划的意识并使之成为现实是一项挑战，需要靠教师领袖的影响去实现。

虽然本书没有对完善的专业发展计划进行详细的描述，但有大量的文献资料可供教师领袖参考，我们已对如何查阅这些资料做了说明（见资料D）。人们普遍认为教师领袖应该对自己与他人的专业学习清楚了解。比如，全美教育委员会建议：教师的学习过程不应是对教师进行知识与技能的简单传授，应该让教师参与包括分析、反思以及解决自身相关问题在内的实际工作，最终赋予教师权力、影响并带动教学。用下列问题做导向，教师领袖应该自问，有效设计的原则是否遵循自己的专业发展。

成人学习者，比如教师领袖，是否参与确定学习内容并决定学以致用的过程？这种合作型探究法会提高学习的动力与决心。

教师的校本学习是否考虑将学习内容转化并应用，以应对当前工作环境里的问题？这并不是建议教师领袖不用参加校外教师网络、研究生院校或专业机构的学习，因为教师确实能够从接触校外的专业知识和观点中受益。然而随着学校提供的学习体验的增多，学习动力和每日教学实践也会得到提高。

教师领袖是否参与合作型专业发展计划？合作策略，比如调研行动小组，帮助教师解决现实世界里的授课、教学与评估问题。

教师专业发展计划是否通过跟进指导与支持而持续进行？将新知识学以致用，让教师去发现并领悟哪些知识发挥效用，哪些知识没有发挥效用以及对教学资源与辅助还有哪些额外需求。得不到持续的支持，教师在遇到困难时很有可能会放弃这些策略方法。

教师领袖所需的大量学习培训对学校的未来意义重大，学校、学校领导，特别是教师领袖自身所做的贡献需要达到新的高度。如果没有达到以上四点要求，那么教师领袖必须为倡导改革做好准备。

（2）他人学习的职责

教育工作者一直十分清楚自己对学生学习所肩负的责任，也就是说，他们知道学生的学习成绩显然与教师的付出有关。

兰伯特指出，最近，教育工作者开始意识到他们也应该对自己的学习负责，同时认识到，领导力是每个人在学校从事的专业工作。教师领袖很清楚，学习与领导着实不易，为了自己的专业发展，他们必须担负起个人责任，不仅如此，这个责任还要延伸至学校有发展机会的其他人。这是一个集体努力的过程。对很多教师来说，这是一个全新的思想观念。

致力于自身专业发展的教师领袖意识到，在自己重多的职责当中，必须以学习为优先。这些教师领袖通过阅读学术文献、经常利用高等院校和校内外专业社交网络提供的各种机会参与学习。同事的反馈被这些教师领袖看作是丰富的学习资源。有人提出的如何更有成效的建议也得到了倾听与采纳。这些教师领袖对授课与领导行为的成果进行反思，从中检验教学实践并总结经验。通常，这些教师领袖寻求更多的挑战工作或任务，从而获得更多的经验。

教师领袖同样承担着培养校园里其他教师的责任。他们可以在学校或学区担任协调和专业培养工作，他们可以辅导新教师或为遇到教学困难的教师提供指导。这些教师分享的观点、信息和资源让其他教师尽可能地在教学上取得成效。这些教师领袖认可为其他教师建模所取得的巨大成效，展示提供具体反馈时所需的技巧，同事因此得以成长与发展。

虽然教师领袖对影响教学改革与学生学习成绩拥有巨大的潜力，但我们对如何运用却又没什么头绪，或者我们可以为向教师提供有效的专业发展计划做准备，从而提升教师领导力。我们对教师领导力的定义表明，教师有学习者和领导者两种身份参与的义务。经验告诉我们，他们对专业发展的有效实施具备丰富的知识，能够在学校与学区影响自身与他人的专业发展。承担这种职责与学习领导技能不会很快发生，而是整个职业生涯履行的义务。

2. 教师领导力的培养

为了让教师领导力成为教师职业的期望，构建领导力的思维模式必须在大学阶段接受师范教育期间展开。教师在踏进校门以后，关心的是如何在新环境里生存、与新学生如何相处，但这些教师仍可以从一进校门就接受鼓舞，把自己看作是有潜力的教师领袖。另外，成为教师领袖的思想观念对很多教师来说还很陌生，他们需要从领导力技巧入门。教师担任的领导工作越稳定，他们需要的专业学习经历就越复杂。

（1）职前教师

如果我们期望教师把走出教室、担任领袖角色作为日常工作的一部分，那么我们必须在教师的职前培养阶段对课程进行改革。特伦与博尔斯提出，大学教育在大学生技能培养方面应承担的责任："大学教育必须意识到教师领导力的重要性，强化讲授这些技能的义务，以此作为教师职前教育的必要因素。"传统意义上的大学课程，目的是为了使教师成为跟随者，而非领导者，强调的是监督与掌控，而非鼓励个人问责与赋权。对教学实践最有力的影响因素是像K-12学生一样在教室里获得的亲身学习体验，也就是罗蒂早前提出的“学徒式观课。”

今天，职前教师必须拓展自己的学习经历，为自己的职业生涯展望更美好的未来，肩负起职前培养初期担当领袖角色的责任。关注个性化教学一直是我国教师培养的核心。现在，为了让教师在整个职业生涯中的学习更有成效，我们必须超越个性化的界限，以权力共享的精神作为教师思想观念的基础，引导他们在教学实践中与他人团结协作。帮助职前教师理解专业学习、教师领袖与学习成绩之间的关联是需要优先考虑的问题。职前教师必须培养这种理念，为了“所有”学生，而不仅仅是“我的”（my）学生与他人共事是“未来教学工作的组成部分……领导力不是少数人的特权——而是供所有学校的利益相关者共享的一种职能 ”。

在观课与教学实习期间，确保师范专业的在校生有机会观课和参与领导行为的途径有——由教师召开学校改进小组会议、教职员工咨询会或学习小组。这些一手的实践经验会使教师开拓其潜在的教师领导力的思维。

职前教育课程还可以利用评估工具让师范生参与培养自我认知，对职前教师的沟通与领导力方式给予反馈。这些数据为未来的教师领袖提供有价值的见解。

另外，领导力技能的培养应始于职前教育阶段。在集体研究作为行为规范的学校环境里，顺利开展工作的先决条件是培养在团队里有效协作的技能，执行群体中的各种角色与职责，与其他人共同解决提高教学质量的课堂问题。领导力技能对这一协同工作的支持包括：与其他人建立关系、带领小组、培养团队合作、为支持立场提供理论基础、运用支持数据并有效管理冲突。所有这一切是教师入职与任职初期培养教师领导力的基础。

（2）潜在的教师领袖

随着教师步入教育岗位、获得教学经验、开始寻求专业发展的开展，他们获得专业知识与技能并满怀希望的运用评估数据，制定并修正教学方案，经过反思后改变自己的教学实践，从而切实满足学生独特的学习需求。在教师尽职尽责并取得成功后，通常会开始考虑如何在课堂之外对孩子与成年人的教学产生更深远的影响。

在第一章中，我们提供了一份“教师领袖准备工作”工具，帮助教师确定自己是否为承担学校的领导工作做好了充分准备。一旦教师确定准备好接受这项挑战，那么教师的责任就是寻求领导职务，而学校的职责就是为他们的领导力提供培养。我们认为领导不是天生的，他们成长与发展的知识、技能与特质使他们成为伟大的教师领袖。

独自工作、凭直觉了解如何领导是教师领袖最大的障碍，但这些障碍可通过学习领导力技能来克服。

为向学校提供用于制定教师领袖专业发展计划的框架，我们求助于教师领袖、学区工作人员和教学专家小组，研究并明确教师领导力的标准，对教师作为教师领袖应该具备的知识与行为进行描述。通过这项工作，我们创建了一套工具，教师领导力自我评估（TLSA）（表3.1）。专门为教师在领导力培养初期设计使用，TLSA在六个方面对潜在的教师领袖进行测评：（1）自我认知，引领改革；（2）人际沟通；（3）差异性；（4）教学能力；（5）持续改进；（6）自我组织能力。

教师领袖利用TLSA来判断自己当前是否符合教师领导力标准，从而确定自己在行为举止和技能领域还希望获得哪些发展。这种反思的结果是让教师对自己未来的专业学习有所规划。

（3）为经验教师领袖提供持续的专业学习

领导力培养，需要获得与任何完善的专业发展同等程度的支持。提供这种支持的原则是教师参与决定，包括对自己的学习、以校本的工作嵌入式学习、与他人的协作型学习以及跟进支持与辅导。当教师领袖在学校进入发挥影响力的领袖角色时，只要提供不断的学习机会，他们就很有可能对教学实践以及最终对学生学习成绩产生积极的影响。仅仅因为教师看起来像有效的教师领袖并不代表可以忽略教师领导力培养的机会。学习引导是永远的挑战。

为经验教师领袖提供卓有成效的持续学习与支持有很多策略与方法。在此我们只对四个策略进行举例说明：行动研究、全美专业教学标准委员会认证、专业发展学校、专业社交网络。这些方法的共同点是他们都是有效专业发展的典范。教师着手参与这些专业发展并制订相应计划，最重要的部分是工作嵌入式学习以及教师面临的专注于学校及其相关问题。

图3.1　教师领导力自我评估（TLSA）

教师领导力自我评估

玛里琳与比尔•卡曾麦尔

请回答每一项有关职业行为的频率。

	从不	很少	有时	经常	总是
1. 作为一名班主任，我对自己的成绩以及有待改进之处进行反思。	①	②	③	④	⑤
2. 我知道自己的发展优势与需求会对在学校担任教师领袖的新角色产生影响。	①	②	③	④	⑤
3. 我清楚了解自己的教学理念。	①	②	③	④	⑤

续表

4.	与学生和同事相处时，我的行为与我的价值观和人生观相一致。	①	②	③	④	⑤
5.	我就如何改进自己的工作寻求反馈。	①	②	③	④	⑤
6.	工作中，我的行为举止以道德为标准并符合高水平职业素养要求。	①	②	③	④	⑤
右边空白处记录 1～6 项合计。		1～6 项合计＿＿＿＿＿＿				
7.	我邀请同事为完成与实现学校的使命与愿景而共同努力。	①	②	③	④	⑤
8.	我领导他人完成工作。	①	②	③	④	⑤
9.	我跟同事共同参与制订改革计划。	①	②	③	④	⑤
10.	我理解学校与学区环境对提高学生学习成绩的重要性。	①	②	③	④	⑤
11.	我致力于学校环境的改进工作。	①	②	③	④	⑤
12.	我愿意投入时间与精力为改善教学组建团队。	①	②	③	④	⑤
右边空白处记录 7～12 项合计。		7～12 项合计＿＿＿＿＿＿				
13.	我认真倾听他人的意见。	①	②	③	④	⑤
14.	我根据授课对象调整示范课。	①	②	③	④	⑤
15.	我寻求他人的不同观点，对他们的想法与感受能够准确表达。	①	②	③	④	⑤
16.	当组织小组活动时，保持小组成员专注与守时。	①	②	③	④	⑤

教师领导力自我评估，第 2 页

请回答每一项有关职业行为的频率。

		从不	很少	有时	经常	总是
17.	主持会议时，我几乎能够让每个人都参与其中。	①	②	③	④	⑤
18.	我利用电子产品与个人和群体进行有效的沟通交流。	①	②	③	④	⑤
右边空白处记录 13～18 项合计。		13～18 项合计＿＿＿＿＿＿				
19.	我理解不同的观点源自个人文化背景、宗教信仰、种族或社会经济地位。	①	②	③	④	⑤
20.	对价值观与思想观念的分歧，我给予尊重。	①	②	③	④	⑤
21.	我喜欢与校内各教学团队的同事一起工作。	①	②	③	④	⑤
22.	我与非教育专家和有特殊兴趣的人有效开展工作。	①	②	③	④	⑤

续表

23. 我注重理解其他人的信仰与价值观。	①	②	③	④	⑤
24. 我愿意分享自己的观点，即使我的观点与他人不同。	①	②	③	④	⑤
右边空白处记录 19～24 项合计	19～24 项合计__________				
25. 我营造积极的课堂教学氛围。	①	②	③	④	⑤
26. 我运用研究型教学实践。	①	②	③	④	⑤
27. 我确保所有学生获得好成绩。	①	②	③	④	⑤
28. 我在教学能力方面享有声誉。	①	②	③	④	⑤
29. 我具有亲和性，乐于与同事分享。	①	②	③	④	⑤
30. 我在处理学生或成年人工作时表现正直且公平。	①	②	③	④	⑤
右边空白处记录 25～30 项合计	25～30 项合计__________				
31. 我在做决定或采取行动前，搜集各方所有相关信息。	①	②	③	④	⑤
32. 我设立目标并追踪掌握实现目标的进度。	①	②	③	④	⑤

教师领导力自我评估，第 3 页
请回答每一项有关职业行为的频率。

	从不	很少	有时	经常	总是
33. 制定计划时，我对评估信息进行分析并运用。	①	②	③	④	⑤
34. 我参与专业发展与进修。	①	②	③	④	⑤
35. 我主动发现问题并设法积极解决。	①	②	③	④	⑤
36. 为学校或学区的持续改进，我与同事、家长以及/或者其他人并肩工作。	①	②	③	④	⑤
右边空白处记录 31～36 项合计。	31～36 项合计__________				
37. 我为完成工作与目标制订完善的计划与日程。	①	②	③	④	⑤
38. 面对困难与压力时，我表现得很自信。	①	②	③	④	⑤
39. 作为团队成员，我能够开展有效工作。	①	②	③	④	⑤
40. 坚持不懈，积极完成预期目标。	①	②	③	④	⑤
41. 划分优先级，确保有时间处理重要工作。	①	②	③	④	⑤
42. 我的工作与生活达到良好的平衡。	①	②	③	④	⑤
右边空白处记录 37～42 项合计	37～42 项合计__________				

教师领导力自我评估量表描述与评分说明

教师领导力自我评估量表
自我认知：教师对自己的优势、价值、人生观与行为举止有清晰的认识。
引领变革：教师利用有效策略积极促进变革。
人际沟通：教师展现有效倾听、口语表达与书面表达技巧。
差异性：出现意见分歧时，教师表示尊重并给予回应。
教学能力与领导力：教师具备专业知识与技能并应用，为学生与成年人提供最有成效的学习机会。
持续改进：教师以更高的标准严格要求自己，愿意采取行动积极改进。
自我组织能力：教师制订行动计划并积极完成。

自我评分

✓ **自我认知**：
记入 1～6 项合计

✓ **引领变革**：
记入 7～12 项合计

✓ **人际沟通**：
记入 13～18 项合计

✓ **差异性**：
记入 19～24 项合计

✓ **教学能力与领导力**：
记入 25～30 项合计

✓ **持续改进**：
记入 31～36 项合计

✓ **自我组织能力**：
记入 37～42 项合计

专业发展中心，股份有限公司
邮政信箱 46609
佛罗里达州，坦帕市， 33647
电话 1-800-322-2268

另外，这些策略需要与其他教师协作完成，并且长期、反复为参与其中的教师提供大力支持。在表3.1里，我们对有可能用到的策略进行举例说明，希望为教师领袖的持续发展与支持带来启发。

表3.1 教师领袖持续发展策略

策略	目的	收获	了解更多
行动研究	让教师领袖运用教学和其他研究成果参与纪律探究，实施教学实践改革与改进。	教师参与探究，获得专业技能。 利用当前研究信息，丰富教师专业知识。 利用协作机会改进学校环境。 创造改进授课与提高学生学习效率的机会。 号召教师领袖利用数据分析授课效率。 提供领导研究小组与项目机会。	卡尔霍恩(Calhoun,E, 2002) 学校改进行动研究《教育领导力》 卡罗—布鲁斯,C(Caro-Bruce, C.), 弗莱斯纳,R(Flessner, R.),克拉尔,M(Klahr,M)与蔡克纳,R(Zeichner,K)(2007)。 《用行动研究创造平等的课堂》(*Creating equitable classrooms through action research*),加州千橡市,考文出版社。 沙戈尔,R(Sagor,R.,2004)《行动研究指南：教育工作者与学校团队四步法》(*The action research guidebook: A four-step process for educators and school teams*),加州千橡市,考文出版社。
全美专业教学标准委员会认证	让教师参与学习、专家评定、自我认知与同事评估，以严格的标准对教师进行测评并获得国家认证。	教师遵循严格的流程对教学实践进行分析并强化。 教师能够展现课堂教学领导力以及学校、社群或家长领导力。 提供机会与同事开展协作并获得反馈。	联络信息： 全美专业教学标准委员会 弗吉尼亚州，阿林顿市 公寓500号 威尔逊大街1525号 邮政编码22209 http://www.nbpts.org
专业发展学校	在高等院校或大学与K-12学校之间建立合作关系，关注新教师储备、教职员工专业发展，针对改进教学实践、提高学生学习成绩进行调研。	教师领袖参与再设计并改进职前与在职教师教育。 教师参与检验教学实践与拓宽知识的探究、调研与反馈工作。 为教师领导提供机会开展团结协作与创造性的工作。	拉尼尔，J(Lanier, J.)与达林-哈蒙,L(Darling-Hammond, L.)(2005) 《专业发展学校：发展专业的学校》(*Professional development schools: Schools for developing a profession*)。 纽约：教师学院出版社。 组织机构：全美教师教育认证协会(NCATE),www.mcate.org

续表

专业社交网络	成立正式与非正式实践社群，供教师演讲、反思与学习，内容以特定项目领域、教学方法或改革方法为主；形式可通过面对面或虚拟；地点可在当地或全国。	允许教师领袖参与并持之以恒地学习。 通过在教师领袖间的交流分享构筑专业知识。 为教师领袖提供高度互动与社交的机会，促进其成长与发展。 提供带领团队和同事共同参与协作的实践经验。	麦克劳克林,M（McLaughlin, M.）与塔尔伯特,J（Talbert, J.）（2001）《专业社群与高校教学工作》（*Professional Communities and the Work of High School Teaching*）。 芝加哥：芝加哥大学出版社。 利伯曼与伍德（2003）《国家写作计划观察：网络学习与课堂教学相结合》（*Inside the National Writing Project: Connecting network learning and classroom teaching*）。 纽约：教师学院出版社。 组织机构： 教师领袖社交网络www.tacherleaders.org

3. 教师领导力的培养模式

为了让教师做好准备承担领袖角色，我们推出了一种培养模式，“教师领导力培养模式”（LDT）（图3.2），为超越教学方法、提升教学能力的专业学习提供框架。通过这种模式，我们建议教师作为教师领袖与同事团结协作，首先了解自我，其次了解同事，最后了解学校。最终，为完全掌握教师领袖的各项技能，他们必须在工作环境中将这些技能运用于实践。

这种模式的三大组成部分为“自我评估”、“不断变化的教学环境”以及“策略影响因素”。最后步骤则是“行动计划”，是让参与者通过开展行动学习计划将新学得的领导技能应用于学校或学区。

首先，“自我评估”要求教师审视自己的教学理念。他们在教学环境中回答“我是谁”这一问题。自我评估行为有助于教师发现自己的价值观、行为举止和人生观，是构成职业素养的基础。自我剖析能够使教师意识到与同事间可能存在的分歧，而成功的合作则需要求同存异。仅就这一点，教师领袖在与思维或教学方法有分歧的教师合作时就会减轻自己的挫折感。另外，自我评估让教师有机会对其在领袖角色中运用的教学能力与技巧进行反思。教师发现自己与同事的专业知识水平，思考他们如何提供支持或从其他教师那里获得支持。最后，成年人掌握不同阶段的专业知识，为教师领袖提供了一种在教学环境下如何更好地了解自己、了解个人的方法。通过这种方法，教师领袖能够决定如何为每个人提供最有力的支

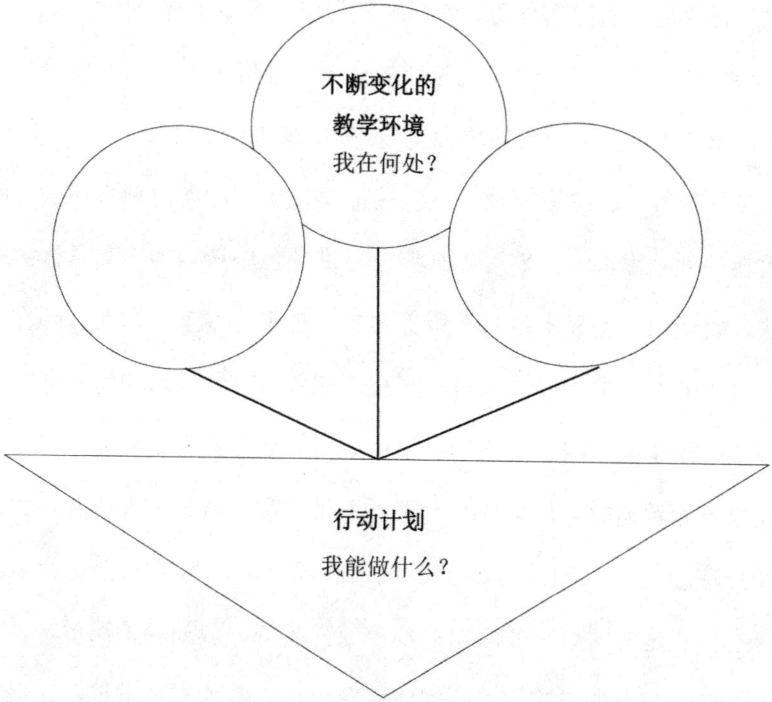

图3.2　教师领导力培养模式

持。一旦教师收集到了自我信息，他们会更加愉快地寻求反馈，从而更好地了解同事对他们的态度与看法。

其次，我们相信，对即将承担领袖角色的“不断变化的教学环境”进行了解，会让教师领袖有所收获。有时，教师仅仅从课堂、年级或专业领域的认知来理解含义广泛的领袖角色。教师领袖应该考虑的问题是“我在何处”。教师可以从反思与分析学校环境中受益。我们认为，教师需要探索并形成自己的教师领导力定义，思考教师领导力在自己所在的学校环境里，如何成为教学改进与改革不可或缺的组成部分。了解学校环境里领导工作的支持与障碍为教师担任领袖角色提供深刻的见解与方向。比如，无论学校何时进行改革，矛盾分歧是必然结果。深入了解分歧中的个人见解、充分思考他人的行为举动能够帮助教师引导改革、解决困境。

教师为自己的领导环境构筑宏伟的蓝图，他们更能够从大局着眼，具备学区、州，或者全国更大的环境里学校与改革的广阔思路。

第三，教师学习“影响他人”的技能。提出“我如何领导他人”的疑问表明教师领袖懂得，他们可以掌握在日常角色中运用的一套具体的策略与方法。要认识到领导不是“无所不知”，也不是专家，这对教师在学校开展积极的改革非常重要。通过各项技能的融会贯通学习如何领导团队，教师领袖可在年级、团队或整个教学体系内有效主持会议并完成工作。有潜力成为教师领袖的教师了解到，倾听不仅仅意味着听别人诉说。关注他人、在分享自己的观点之前先了解他人的观点、思考他人言语背后的含义，这些技能是与同事有效沟通的重要前提条件。教师领袖渴望与他人成功交流的另一套有效方法是了解如何应对分歧。教师领袖发现，这些方法包括承认分歧、公开自己的见解、理解并运用他人的观点。

最后，培养模式的最后一个组成部分“行动计划”，即教师领袖参与应用层面的学习，他们必须回答的问题是“我能做什么”。关注的是对新知识、技能与特质的转换与应用，是教师领袖重要的发展经历。首先，了解需要改革的内容、制订改革计划，包括收集与改革有关的信息、对他人的改革经验进行检验、在调研中总结经验教训；最后，制定改革目标并确定对策，这对教师的成长至关重要。这个时候需要教师领袖将技能付诸实践行动。学习新技能而不为学校所用是没有成效的。教师领袖必须注重运用新学得的领导知识，提高教学成果。这是教师领导力的目的。当教师在课堂和学校运用新的领导力技巧和专业知识后，校长与其他教师的支持程度很可能决定着教师领袖能否取得成功。与其他技能一样，领导力技能只有在教师领袖实践、反馈与能力培养中才变得有价值。

领导力的培养过程并非如模式呈线性。如果教师有机会挖掘庞大的领导力知识，他们会发现，应对与他人合作中遭遇挫折的人不只他们自己。

领导力依靠建立人际关系与培养共享能力来达到预期目标。其过程既简单，又复杂。此外，教师参与培养教师领袖，成果是提升自信、改进教学与工作态度、扩充教师专业知识并扩大视野。拒绝为教师领袖提供学习领导力的机会是让教师的领导能力承受风险。

4. 总结

如果我们要为教师做好充分的准备，带领全国各所学校的教学改革工作，则有必要提供全职业生涯学习机会培养教师领袖。有效的专业发展知识既能保证教师满足自己获得丰富的学习经验需求，又能保证他们利用有效的方法为他人的发展提供帮助。教师领袖全职业生涯的持续发展包括：（1）大学生潜在领导力职前培养；（2）一份供任教初期使用的自我评估，为初级教师领袖提供明确的目标与方向、提供对策，帮助他们制订教师领袖成长与发展计划；（3）为有经验的教师领袖提供整个职业生涯发展所需的持续学习与支持。“教师领导力培养模式”的作用是为领导力在各阶段的培养提供框架。只有专业发展还不够，人际关系、教学环境、善于影响他人是教师领袖获得显著成功的必要条件。

第四章对教师领袖的特点、教师领袖之间的代沟以及不情愿的教师领袖提出了见解与看法。第五章探究教师领袖得以发展壮大的学校文化。第六章阐释影响的方法与技巧，教师领袖必须加以运用，改进教学、提高学生学习成绩。

5. 应用挑战

（1）教师

① 对有效的专业发展进行更深入的了解。访问全美教职员工发展委员会网站www.nsdc.org.

② 探究专业发展的各种方法与策略。调查并了解更多专业发展的有效方法与途径，比如“朋友批评”小组（参照全美教学改革学院，www.nsrfharmony.org/）、辅导、在线学习、视频、入职培训、观课、学习小组、专业学习社群以及合作计划。

（2）校长

① 思考如果自己离校或调职，如何保证当前所在学校的改革计划得以继续实施，如何培养教师领袖，让他们继续关注共同参与的教学改革并完成？如何为自己有朝一日离校时储备教师领袖？

② 成为在学校与学区教师领袖储备与培养的倡导者。思考如何确定教师领袖的人选，参与制定有意义的规划、长期的领导力发展计划，提供在学校实践技能的机会。思考如何展现自己的价值观，当教师成长为教师领袖时，对他们的努力给予奖励。

（3）教务管理人员与学区工作人员

① 评估所在学区人事部有关新上岗教师和所有教员专业发展的措施与制度。如何将这些传统、等级化形式的措施与制度转变为增加实际合作与利用教师的领导力。

② 核实教师专业发展的规划、履行与评估情况。与学区领导和校长共同思考专业发展如何更加系统、长期、集中，并与参与者共同规划。如何评估专业发展的有效性与收获？

（4）大学与高等院校教授

① 研究职前教师预备课程，核实哪些课程可以列入教师领导力认知、领导力技能培养以及实习教师运用领导力的实习生观课。

② 运用各种方法和途径，让高校教职员工或担任辅导员或担任培训员，与校领导共同参与行动研究小组和校领导委员会的工作。

第四章　从教师与教师领袖的角度了解自我与他人

了解对方的优点与缺点是彼此接纳的第一步——进而最大限度地发挥团队合作的潜力。无视成员个性的团队不会有任何工作效率且最终失败。

比尔·法瑞特（Bill Ferriter），6年级教师领袖

在与同事一起写作以及从事各种教师领袖活动的30多年里，我们对彼此在工作中的优点已逐渐了解。我们学习利用每个人独特的优势在有待发展的领域里相互支持。我们一开始就学会了坦诚相见，因为我们意识到，无论我们承认自己的缺点与否，同事总会看到。同样的，这种自我认知对一名教师领袖的成功至关重要。在我们从事教师领袖培养工作时，很多教师分享说，自我认知让他们在建立人际关系与他人合作时更有成效。为了成长为教师领袖，他们必须意识到影响自己与同事工作、学习和工作环境变化的因素。

虽然教师受外部环境的影响，但他们对外部环境的反应以及随之在行为上的改变却是内在因素。哈格里夫斯与富拉恩指出，“教学取决于（教

师的）生活与个人经历，与教师的人格息息相关”。这种独特性会对教师如何处理工作与行使领导力产生影响。鉴于自我认知对成功行使领导力的重要性，教师领袖培养模式里重要的组成部分就是，“我是谁？”（图4.1）。教师领袖通过关注并学习自我认知后发现，无论是专业发展还是个人成长都从中受益匪浅。

在教师勇于承担领袖角色之前，应该认识自我。“教师领袖自我评估”工具（参照第三章）其中一个量表就是评估教师的自我认知。自评量表“自我认知”项表明，有自我认知的教师有以下行为表现：

- 从教师和教师领袖的角度评估自己的优点与有待改进之处
- 认识自己的行为、价值观与人生观

图4.1　自我评估

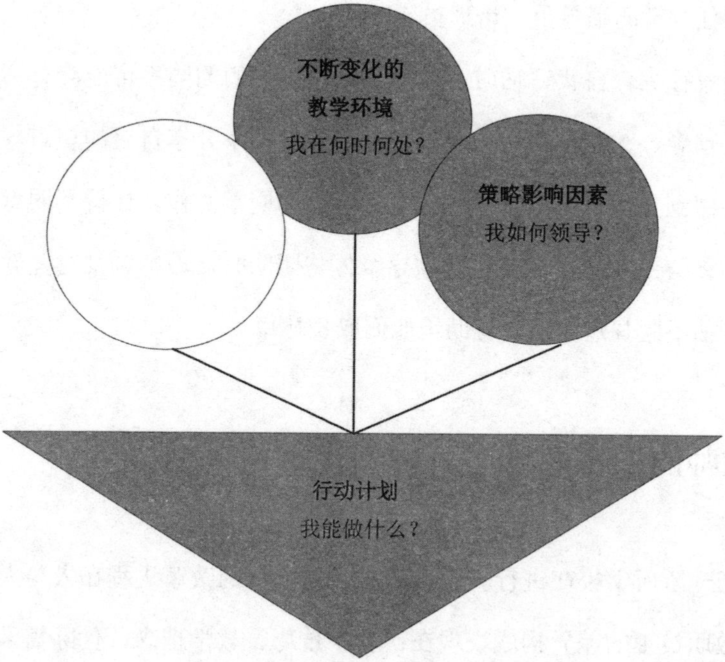

- 与价值观和人生观相一致的自我行为监督
- 寻求并运用反馈
- 对教学实践与有待改进之处进行反思（卡曾麦尔·卡曾麦尔，2004）

当教师领袖作为个体，在成长与发展的过程中，不仅通过关注自己，而且还以关注他人的成长与发展的方式来扩大自己的影响范围，其行为表现如下：

建立人际关系与信任；

通过反馈与提供学习机会鼓舞与激励他人；

与有抵触情绪或执拗的同事相处；

信任并委以他人常规工作职责以外的责任；

塑造坚持学习的楷模；

担任大学的辅导员、培训员或顾问。

当进行综合自我评估时，教师很快发现他们的同事可能会有不同的价值观、理念、关注点、人生观以及行为。教师不分享自己的观点，教师领袖不必感到失望，可设法事先与志同道合的同事协作，让持不同意见的教师群体参与专业学习社群。在领导个体与团队时，教师领袖对差异的认知以及评估不同观点的能力有助于他们取长补短。

1. 教师的独特性

当一所所学校在进行教学改革时，更强势的改革进程在人与人之间展开。教职员工的差异构成表现在：教学技巧、教学理念、代际需求、工作视角、与他人互动的意愿、成长阶段以及个人生活方面（见图4.2）。

在本章中，我们将对这些差异进行探究。之后我们建议，为了与差异教师群体合作，我们必须认识并理解每一项差异，从而提高效率，少走弯路。

图4.2　教师独特性的贡献因素

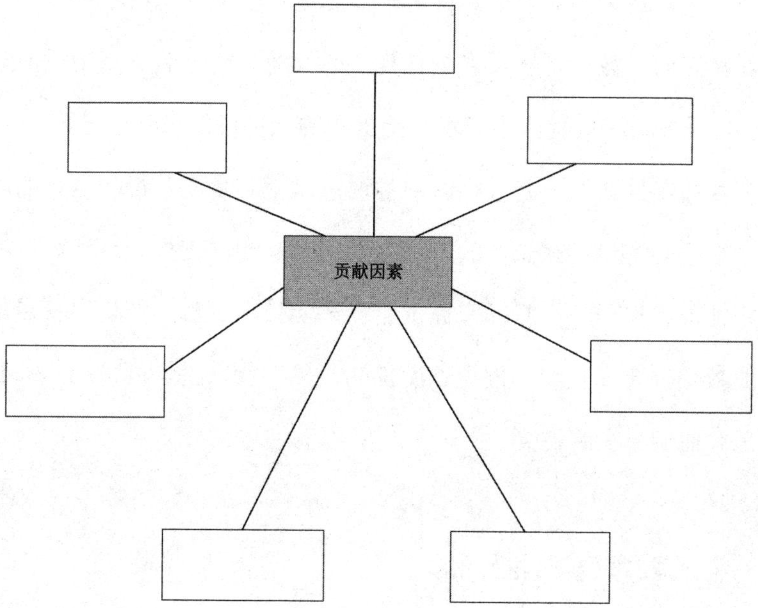

(1) 专业教学技巧

在教师承担教师领袖职务之前，该教师必须有出色的教学能力。教学能力是对学生课堂的有效引导与同侪及管理层建立信任的必要条件。虽然教案里可能找不到相关的策略办法，但教师有效调整教学内容的能力是个人技能高水平发展的体现。如果教师不精通教学技巧，那么其课堂关注的焦点也只能停留在岗位生存层面上。该教师在担任课堂之外的领袖角色之前，需先进行课堂教学技巧的培养。

在“教师领袖自我评估”里的这些行为量表被称为教学能力与领导力。也就是说，教师领袖具备并利用专业知识与技巧向学生和成年人提供最有成果的学习机会。

教师对自己的能力有自信，渴望与同事协作。他们愿意探究新方法，对自己在教学实践上的担忧不予隐藏。教师能够坦诚面对自己的教学困难，通常会赢得同事的尊敬。很多教师感觉自己应该无所不知，毕竟自己是教师。然而，教学是一项多变且复杂的行业，当一名德高望重的教师揭示自己的不安时，其他人会发现有挫折感的人不仅仅只有自己。

有教师在描述另一名教师领袖时说：“她总是先获得教学上的成功，她似乎永远知道自己在做什么，知道如何以平和、支持、可靠和充满热情的方式处理工作。”当教师掌握了专业教学技巧之后，他们愿意走出课堂与其他教师分享。正如一位校长所说的：“对我来说，同侪向教师领袖请教就是对他们最大的褒奖。”

（2）个人教育哲学理念

个人教育哲学理念当前要求的是，对知识内容进行深入了解，懂得有效传授知识的方法，意识到学生的学习内容会让教师的教学理念面临什么样的挑战。赛克斯认为：“将教师的内心与思想束缚于组织机构与课程的改革一直是改革工作的软肋。”转变一个教师的个人教育哲学理念无疑是一项挑战。比如，教师对教育的看法可能是基于自己学生时代的经历。教师可能会对自己成功的就学经历记忆犹新。当传统教育对他们有助益时，其对学校的相关思维模式很难改变。教学改革工作可能会引起教师对过去的正向经历产生质疑。如果他们个人的学习成绩突出，那么他们将很难融入共同学习。这些假设条件会影响教师做决定以及领导他人的方式。

之前，我们分享了有关教师领导力的假设（参照第二章）；同样的，教师对自己的教学也有一套假设。教师很少有机会检验自己的假设，并与自己的实际经验进行比较。

利特尔（1993）指出，教师领袖应对教学改革的“潜在假设”进行检验，将“潜在假设”与自己原有的思想观念、价值观和实践经验相比较。让教师把自己的所言所想与实际行动相比较，同时也是对自己的假设进行考核。比如，认为“新任教师应该获得支持”的经验教师可能会发现，自己的实际行动与观点不一致。他们可能会回避让新任教师应付学校里最棘手的班级。虽然我们说我们相信这是事实，但当我们真正意识到这一点后，我们都会觉得不舒服。事实证明，我们的实际行动与想法不相符。

教师领袖可能会认为，所有教师都在分享自己在纪律、家庭作业或其他方面的思想观点。教师领袖会惊讶地发现，自己与大家分享的观点可能与同事有分歧。当教师发现自己无法共享学校的主流价值观时，更容易感到不安。学校的关注点可以通过宣扬崇高的目标来表现，但学校在实际行动中可能与宣扬的目标和赖以支撑的价值观相违背。除非这种不协调得以解决，否则教师领袖不会轻易为学校的共同目标而努力。有些教师离开学校，到其他学校寻找与自己的思想观念相一致的工作。

我们帮助教师检验教学理念体系的方法是，要求他们完成资料A里的“教育哲学调查”。首先，该测评工具的名称会让人想起教师的教育方案，教师认为他们将讨论“象牙塔”理论。在完成测评后，教师将自己的得分与同事进行比较，讨论他们在选择教学方法上存在哪些差异或对学生工作持有哪些不同的观点。只有在这时，教师领袖才开始认识到，这些潜在理念的检验得到了实际运用。他们认同与同事在理念上的差异，并明白分歧会导致课程、教学实践和评估决策上的冲突。

（3）代际需求

每个年代的人都会受过去的经历与生活环境的影响。同样的，教师与那些自己同时代的专业同事分享需求。从婴儿潮代际（1946—1964年生人）起一直到退休的教师，加入劳动力大军的有两种新的教师群体，他们对自己的职业生涯有不同的需求与期望。X代际（1965—1980年生人）和Y代际或千禧代际（1981—1999年生人）的教师在价值观、工作理念与视角以及工作环境上均存在差异。

如今，很少有教师愿意将教育作为终身职业，多数人是从其他行业进行教学探究或进入教育岗位。表4.1表明了代际之间存在的差异，呈现了教育系统里两代人之间的人际关系面临的特殊挑战。

平衡不同代际需求是如今教学的主要因素。婴儿潮代际的教师通常因年轻一代的教师没有展现与之相同的职业道德而失望沮丧。另一方面，年轻的教师看不到在教学工作上花费大量时间对个人生活的危害。比如，最近由“为了下一代教师项目”（www.gse.harvard.edu/~ngt/）进行的调查研究显示，当代教师领袖的理想主义与即使薪酬不多也自发长时间工作的意愿，将无法令新一代教师感到满意。

随着其他行业的教师的拥入，代沟还会继续，即使婴儿潮代际已经离我们远去。虽然不应该以代际差异的特征将个体固化，但教师领导可以利用这些信息为工作小组和年龄跨度较大的教师提供指导。

（4）工作视角

教师会因自己的工作特质而受到影响。斯托（Staw，1986）的纵向研究发现，从一个人青少年时期的特质可预见其中老年时期的工作态度。一个人对自己的工作态度似乎多年保持不变。或许人们不像想象中的那么有塑造性，要想改变工作态度需要强有力的干预。

表4.1　代际期望与需求

*婴儿潮代际（生于1946—1964年）	*X代际（生于1965—1980年）	**Y代际 千禧代际（生于1981—1999年）
在努力工作中成长 有坚定的理想 不计个人得失，长时间工作 依靠政治获得权力 积极乐观，认为一切皆有可能 寻求变革 具备脱颖而出的竞争力 期望在某一领域或组织机构从事长期的工作 完全认同根据职业确定身份	强烈的个人主义；期望按照自己的方式做事 如果需求得不到满足就会换工作 看重生活质量 希望保持生活的平衡 对某一职业或组织机构缺乏忠诚度 渴望弹性工作时间 多媒体在这一时期兴起，充分展现自己对科技的悟性 由于性格形成期的叛逆，学会为人处世灵活多谋 由于缺乏家庭和制度的稳定性，对一切持怀疑态度 自立，不依赖于他人或制度体系	自认为是多面手 现实、自信、讲求实际 喜欢借助科技手段进行交流而不是面对面 天生的协作能力，期望通过专业的社交网络学习 国际化 关心社会问题 渴望信息共享，渴望参与决策 因父母溺爱，渴望获得大量的积极反馈；面对消极反馈会不知所措 期望多元化的工作；这是他们的就业标准 期望团队构建，成为团队一员并参与团队协作 展现自信，期望工作多样性

资料来源：*项，摘自卡尔森（Carlson），2004；迪特曼（Dittman），2005；以及兰卡斯特（Lancaster）与斯蒂尔曼（Stillman），2002。**项，摘自黄·黄（Wong and Wong），2007

改变一个人的观点通常需要一个起关键作用的偶发事件。比如，一位教师的子女在传统教育环境下遇到了困难，这促使这位教师在不经意间发现坚持执行教育改革的益处。

教师的工作视角影响着他们如何平衡自己的工作与生活。比如，有些教师可能把教学居于其他生活责任的次要地位。而与之相反的是，其他教师会认为教学是一项使命，需要付出额外的时间与精力。不同的工作视角能够对两个群体选择承担的领导职责产生影响。主要兴趣不局限于工作的教师会渴望在课堂展现领导力，与可能会为少数同事提供帮助。相反，恪尽职守的教师可能会承担团队领袖的角色，经常需要付出比正常工作日多的额外的时间。这些教师为教学改革做出了巨大贡献，通常对不支持教学改革的教师缺乏耐心。教师领袖必须明白，不是所有教师对工作或生活的喜好都相同。

（5）与他人互动

教师领导力需要不断与其他成年人互动。某些教师可能会对此感到不安。有一名教师领袖曾告诉我们，“在讨论的时候，我会毫不犹豫地与大家分享。让我感到意外的是我是在冒险——愿意分享与坦诚、敞开心扉对我来说是一项重大改变。”超越与身边工作的人日常交流的互动，迫使教师领袖在处理各种想法的同时，还要表达出自己的理念。

在合作型环境下工作的教师，其工作效率会更高，但在这种环境下，个别人提出的要求认可某些教师需要时间独自工作的主张应予以尊重。教师喜欢自己的工作，原因有很多。一般来说，教师当中，有的人与他人交流时会积极活跃，而有的人则不会。教师有时选择独自工作是为了节省自己最宝贵的资源与时间。

另一方面，有些教师愿意与他人合作，然而其工作的组织架构不鼓励协作。这些教师渴望了解学校里发生的事。有时，这些教师希望运用知识带动积极的改革，但其他时候，教师可能会以此作为寻找掌控的借口，从而导致了消极的后果。我们所知的一位经验教师非常渴望参与学校的各项事务，她对不参与学校决策的教师很没有耐心，但最后却对制定的决策有怨言。

她认为教师领袖需要参与解决问题，而不是成为问题的一部分。

在渴望与他人互动和特定领袖角色之间做最佳选择有助于教师获得成功。那些愿意独自工作的教师可能会对拟定补助方案或编写课程材料的工作感兴趣。反之，愿意与他人互动的教师可能会对培训、在社群小组讨论会上发言，或成为一名员工辅导员更有兴趣。当教师审视自己的需求时，他们会更清楚什么样的领袖行为会适合自己个人的行事风格。

（6）成年人成长

成年人每天都有机会反思与成长。每个人都可以选择发展，他们也可以继续以现有的观点看世界。50多年前，成长心理学的调查研究发现，正如儿童有成长需求一样，成年人也有。教师在各阶段的成长会对他们与学生、家长以及其他教职员工的互动与领导他人的能力产生影响。

雷斯伍德对三个成长心理学家的研究工作进行了总结，简要概述了成年人的成长阶段模式。表4.2描述的内容摘自其研究工作总结。

表4.2　成年人成长的关注点

第一阶段：自我保护 坚持遵守规则，但努力获得自己的利益 多数问题只有一种解决方法 小心谨慎 指责他人	第二阶段：依从者 为了满足他人期望需要获得认可 破坏规则会有负罪感 试图与团队相处，不接受个体差异
第三阶段：认真尽责 理解各种可能 意识到规则有例外 关注未来	第四阶段：独立自主 完全独立 理解相互依存关系 接受他人

资料提供：摘自雷斯伍德，1990

各成长阶段看起来很简洁，但实际上成年人的行为是不可预知的，很难对其进行分门别类。我们每个人都具有独特性并在不同的成长阶段展示不同的行为表现。虽然存在其他模式，但雷斯伍德的汇总让我们对教师的成长阶段有了深刻理解。处于“自我保护”阶段的教师领袖可能会觉得开放、坦诚的交流不太自在。“依从者”阶段的教师趋于安于现状，他们发现接纳改革很难，除非他们认可的教师希望改革。团队决策制定对这些教师来说是繁杂琐事，因为他们觉得一件事有各种不同的观点令人烦恼。相反，“认真尽责”阶段的教师注重一致意见，并且会作为协调者或团队的一员让工作取得成效。在“独立自主”阶段，教师不仅关注他人的观点，而且在承担全校领袖职务时还汲取其中的优点。当教师进入更高层次的成长阶段时，我们发现他们已很少依靠专家来解决问题，而是在解决自己的问题时通常与同事协作。更成熟的教师只有在寻求问题解决方案时才求助于专家。

成年人发展与成年人学习是复杂的过程。德拉戈·西弗森指出，校领导有目的地制订计划，帮助教师学习如何“更好地管理工作与生活的复杂性”。这要求专业学习不局限于知识学习，同时要帮助教师了解自己与学生发生的变化。在这个过程中，教师不仅能够获得教学技能，还能够获得自身的成长与进步。

（7）个人生活

尽管教师领导力的号召对象可以面向所有教师，但在成年人的现实生活里，教师领导力并不是所有教师职业生涯的一切。在认识到了教师个人生活的转变后会发现，教师渴望参与领袖角色需要一段时间，而教师从领袖角色的退出还需要一段时间。比如，身为一名年幼的孩子的母亲，或是一名要照顾双亲的有经验的教师可能需要放弃领袖角色，以保证工作与生活的平衡。当教师跨入学校大门的那一刻，整个人就进入了教师、行政人员、学生以及其他教职员工的社群里。

将个人生活与工作完全区分开来是不可能的，因为“独自工作”与教师生活的其他方面共存，想要孤立是没有用的。

教师领袖投入大把时间致力于学生工作与全校领导工作。与其他成年人一样，教师也会遇到生活难题。青春期子女的问题、家人的健康问题、婚姻问题、第二职业、社群参与以及其他个人的困境，统统在教师肩负领袖角色时占据着他们的思维。大家通常关注的问题是那些家庭困难的学生，但教师自己的生活中可能也会遭遇到类似的问题。教师不愿意承担领袖角色可能不仅是出于缺乏兴趣，也可能是希望保留时间以平衡个人的工作与生活。教师愿意接受领袖角色参与程度方面的选择。

L.F.津恩对教师领导力的支持与阻碍进行过研究，她发现其中一个起制约作用的因素是个人的想法与决心。但这些是教师无法与同事分享的私人问题，从而导致人们对教师不承担领袖角色的原因产生误解。与此有关的制约因素包括：

① 与领袖角色并列的家庭责任或其他责任（比如，婚姻危机、子女抚养、父母离异、年迈体弱的父母、一个或多个家庭成员有疾病）。

② 个人健康状况或个人问题。

③ 领袖角色缺乏家人的支持。

④ 文化或宗教价值观不允许扮演领袖角色。

教师领袖的现实生活可能会迫使他们进入领袖角色，也可能迫使他们摆脱。依赖于学校里的少数几名教师领袖是在让教学改革承担风险。鉴于这些有可能发生的情况，我们的目标是培养教师领导力，使其成为教师领袖的时候必须关注个人问题。

2. 不情愿的学习者与领导者

在我们与教师领袖的接触过程中，交流最后通常变为对其他教师的抱怨，有人认为这些教师对学习新的教学方法没有热情，或者不愿意承担领袖角色，尤其当需要更多的人去承担这项工作的时候。“要是……该多好”这种说法是这些不情愿的学习者和领导者的措辞。

本章前面提到的因素可能是积极承担领袖角色的教师和不能或不愿意承担责任的教师之间存在诸多分歧的原因。G.唐纳森说，教师领袖“意识到同事情感与个人的现实情况”是解决这些问题的最佳方法。教师领袖设法认同同事的情感事实，建立尊重同事的个人情感与处境的关怀关系。

（1）理想破灭

教师本来可能是以一种理想主义的观点开始自己的职业生涯，但经过了几年频繁的转变、创新带来的失望以后，他们可能会以拒绝接受改革的方式保护自己。他们为什么还要再次参与进来？这些教师已经变得愤世嫉俗，然而在新的改革工作决策过程中，他们仍然是宝贵的资源。如果受到鼓励，他们会提出一些有难度的问题，避免学校从一种教育风潮转变为另一种教育风潮。

（2）保持现状

觉得在教育岗位有安全感的教师面临三个选择。第一，他们可以保持不变，继续以多年的授课方法进行执教。第二，他们可以更新自己的专业知识与技能，提高课堂教学成果。第三，这些教师可以不局限于现状而改进自己的专业技能，在更广阔的层面上影响教学改革。在教学领域裹足不前的教师面临着急于完成新教学理念的教师领袖带来的挑战。

（3）退出

一名教师在任何时候都会退出参与。如果希望与想要退出的教师合作成功，就应该及早进行干预。遗憾的是，这种现象不易被察觉，因为打算退出的教师表现平静，而且与同事相处融洽。在这个阶段邀请教师接受的教师领袖角色即使不多，也会足以促使他们不再继续退出。

（4）平庸

很少有教师上班却不愿意好好授课，但确实有教师缺乏卓有成效的教学所需的专业知识与技能。面临这样的问题时，这些教师会把矛头转向外因，指责学生的无能，比如，贫穷、家庭条件以及其他因素。虽然在同一所学校，但很有可能有教师教授同样或类似的学生能够取得成效。面对不利条件，这些教师变得明哲保身，其指导监督的方法更加的合规，即使有些合规微不足道。校长与教师领袖通过让甘于平庸的教师参与有意义的协作体验而给予他们最大的鼓励，比如，加入素质过硬的教师队伍观摩其他学校优秀的教学实践，或者与同事开展合作教学。

（5）不称职

不称职的教师会让校领导陷入道德两难的境地，因为这样的人误人子弟，违背职业操守，但校领导却发现，以正当程序开除这样的人并不容易，而且涉及学校政治派系，很小的动作会导致学校控制不了的结果。一提到不称职的教师，教师领袖就会很愤怒，他们通常无法理解校领导为何会容忍这样的行为存在。与不称职的教师接触是校内有正式领导职务的教师的主要职责，他们拥有处理这种事情的合法权力。

3. 多样性认同

与同事顺利开展团结协作需要教师领袖了解如何与不同于自己的人共事。由于部门、组织、学科在校内有清楚的划分，有的学校教师很少与其他教师共事，甚至不知道同一座办公楼里工作的教师的名字。这一事实在非私立中学中间普遍存在，但各学校都有类似情况发生。

当然，学校与学区的学生趋于多样性表明，教师领袖最重要的是要掌握多样性认同的技巧。善于处理多元化的教师领袖对自己的理念与价值观有深刻的认识，同时他们也努力去了解他人的观点。有才华的教师领袖能够把各方冲突凝聚在一起，团结一心制定决策并解决问题。

我们鼓励教师领袖学习善于了解对方观点的技巧。第一步，教师应关注在某一专业学校教育哲学的多样性。教师领袖会留意同事、管理层和家长向学校反馈的各种理念和价值观。我们在研究中发现，“教育哲学调查”工具（参照资料A）有助于教师对个人的教育哲学进行评定。了解他人的教育哲学使教师能够更加深刻地理解在教学改革工作中遇到的各种意见与观点。教师通过与持有不同教育哲学和经历的人开展交流讨论，从而学习如何在学校和学区与他人有效合作。

教师与各种利益相关的群体共事合作，包括家长、学生，还有学区各方代表——所有将自己的观点带到学校环境里的人。另外，教师领袖还与多样性文化和社会经济背景的人合作。相邻的学校里的教师拥有基本一致的想法与看法的现象，大部分社区里已不再存在。

学习与不同的人接触能够推动教师领袖与他人协作的能力。ADS模式（图4.3）是帮助教师如何在有分歧的情况下运用沟通技巧。我们建议，教师领袖要善于表达并“承认差异”（acknowledge the differences）的存在，而非忽略他们。比如，英语系与社会研究系或许对评分持有不同的意见。又或者，教学改革小组的学区领导可能不赞同教师队伍的观点。教师领袖必须学会向他人真诚地“展示自己的价值观与观点”（disclose their values and views）。比如，教师或许会跟同事分享对有特殊需求的学生，如何开展教学工作的先进理念。相信人文主义教育哲学的教师，会通过测试来表明自己的观点。最后，教师领袖应“寻求理解与包容他人”（seek understanding and include others）。尊重个体的多样性是教师领袖成功的要素。

图4.3　ADS模式

A 承认差异。
D 表明价值观与观点。
S 寻求理解，包容他人。

我们的经验表明，教师发现在与他人合作过程中运用ADS模式有利于提升自己的能力。在教师尝试做出改变的多样性环境下，这些技巧是教师领袖需要获得的重要方法。

4. 总结

与教师领袖的接触经历告诉我们，自我评估不止于了解个人的评价，其内在的深刻见解或许更重要。对探讨如何看待同事以及与同事的关系，这些教师一直在进行有意义的学习。他们认识并认可同事间存在的差异，他们了解到多样性应得到尊重。我们不仅要强调承认这些差异的重要性，而且还要求教师领袖在展示自己的想法的同时，勇于更深入地了解他人。

教师领袖可以参考自己的评估，预测其他人会有何类似或不同，之后他们可以利用获得的信息更有成效地与他人开展工作。深刻的见解有助于教师领袖更好地了解自己。他们通常得出的结论是，领导力与各种个体与群体开展富有成效的工作有关。教师领袖认为，他人的观点是对同事独特性的尊重。

关注教师工作所在的组织机构的环境也十分必要。如果学校的工作环境不能为学生和教师营造浓厚的学习氛围，教师领导力就得不到蓬勃发展。本章讨论了教师在学校寻找支持个体差异的职位。要想实现各学校有所改善的目标，各学校则需要为成年人的进步与成长提供健康的工作环境。在第五章中，我们将讨论支持教师领导力的学校文化。

5. 应用挑战

（1）教师

① 更深入地了解自我与领袖角色。运用各种方法；比如，记录自己的各种体验，对自我行为表现与收获进行反思。或者，从校长或其他给予密切配合的可信任的管理层那里，包括同侪与同事，寻求关于自己领导力方面有益的反馈。

② 确定校内哪位教师不愿意加入改善教学改革工作。运用“教师领袖独特性的贡献因素”（图4.2）对此进行反思。思考影响个人参与意愿的因素，如何重燃教师的热情，促使他坚持参与教学改进工作。

（2）校长

① 根据有可能在本校教师中间产生的代际差异，对教职员工进行合理规划。思考消除教职员工隔阂而有可能用到的方法，创造新教师与老教师定期合作的条件或氛围，从不同的观点和见解中受益。

② 将学校的独特需求与拥有领袖潜力的教师个人相匹配；考虑哪些教师员工身上还没有被发觉的技能与天赋；鼓励教师与自己探讨他们对教学有待改进之处的见解；培养自己对教职员工领导力的了解；避免对同一个教师反复走访，力图在其他教职员工中间发现新的潜在领导力。

（3）教务管理人员与学区工作人员

① 培养校长了解教师领袖及其潜力的能力。思考让校长参与制定教师领袖的职位描述，并就学区支持教师领袖的工作计划向他们征求意见，或者邀请他们参与讨论如何在各个学校发挥教师领导力。

② 考虑利用学区资源，为愿意担任正式或非正式领袖职务的教师提供持续的专业发展。确保专业发展的设计规划科学有效，并涵盖在职领导力实践的机会、获得辅导员或培训员有价值的反馈，同时要考虑时间、资源与鼓励方面的支持。

（4）大学或高等院校教授

① 将个人评估纳入教师资格教育与职前培训课程。鼓励职前教师获得沟通方式、性格特点与领导风格方面的信息。鼓励师范生将个人评估存档，以备在步入教育岗位后继续做参考。

② 与学区团结协作，了解他们在填补教师空缺时面临的需求与挑战。建立合作伙伴关系，共同协作，促使教师视自己为教学改革与进步的领袖。

第五章　构建支持教师领袖的学校文化

让教师与他们的教学领袖（校长）在工作环境问题上达成共识是个好主意——这是切实并持续提升美国绝大多数孩子的教学质量必不可少的步骤。

蕾妮·摩尔（Renee Moore），高中英语教师领袖

为培养教师领袖提供支持最重要的因素之一是学校环境。虽然教师个人的性情、理念体系和技能影响着他们领导的能力，但学校环境是他们获得成功的核心。当素质过硬的教师领袖在职场失意的时候，其原因很有可能是因为他们工作的组织机构，而非课堂经历。教师队伍流失不仅因为教师储备方式不当，而且还因为造成教师疏远的学校环境。这些孤立、无助和无意义感是教师大量离职的原因，无论他们是否经过正规大学的教师培训或是参加过选修课程。

彼得森与迪尔认为，文化是“人们在一起工作、解决问题与面临挑战过程中，逐步建立起来的不成文的规范、价值观、信仰、传统与礼仪”。学校积极的文化哺育着教师领导力，反过来教师领导力会在学习成绩上产生积极的成果。早在20世纪90年代中期就有调查研究明确表示，学生学习成绩的大幅度提高与学校的合作文化密切相关。今天，人们更加强调在校

内创建专业学习社群，为学生与教员学习提供一种支持的文化。

在教师领袖模式下，“我在何处？”（图5.1）关注的是教师执行领导力的环境。如果学校环境不能为这些举措给予支持，教师领袖就无法影响他人并付诸行动。

图5.1　学校环境

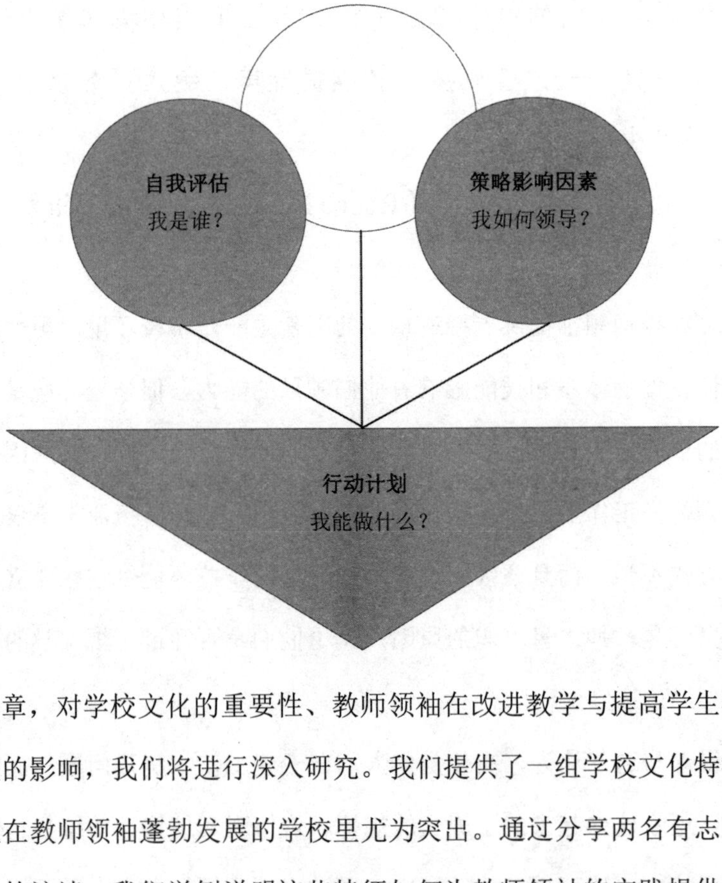

本章，对学校文化的重要性、教师领袖在改进教学与提高学生学习成绩产生的影响，我们将进行深入研究。我们提供了一组学校文化特征，这些特征在教师领袖蓬勃发展的学校里尤为突出。通过分享两名有志向的教师领袖的访谈，我们举例说明这些特征如何为教师领袖的实践提供支持或造成阻碍。之后我们思考，为教师领袖提供支持环境的三个重要因素：（1）成年人与学校的关系；（2）学校的组织架构；（3）校长的行动。

1. 学校文化的构成

我们在高校的工作经历使我们有机会与接受职前教师教育的学生进行接触，当中既有接受过传统教育的老教师，也有上了年纪、经验丰富的转职者，他们将带着在其他组织机构里的职业经验步入教育岗位。我们对他们身上所表现出的活力与热情感到惊讶，他们当中有人希望为学生工作带来改变，有人渴望成为教师领袖。在与职前教师的接触过程中，我们鼓励他们对选择接受教育岗位的学校环境进行仔细分析，思考自己在该校成为教师领袖的潜力。

为了帮助他们为自己的领导力选择健康的学校文化，我们运用学校文化的构成为他们的决定提供指导。这些构成包括：

“以培养为核心”（Developmental Focus）：支持教师学习新知识与新技能，鼓励他们帮助他人学习；为教师提供必要的辅助、引导与互助。

“认同”（Recognition）：教师扮演的职业角色以及贡献得到尊重与认可；教师之间互相尊重与关怀。这是认同有效工作的过程。

“自治”（Autonomy）：鼓励教师主动改革与创新；消除障碍，寻找为教师工作提供支持的资源。

“合作”（Collegiality）：教师在教学与学生相关问题上共同合作。教师合作的行为例子有：讨论策略、资料共享，或到其他教室观课。

“参与”（Participation）：教师积极参与制定决策，对重要事件发表意见。根据教师参与情况选拔部门或团队领导。

“开放型交流”（Open Communication）：教师在学校以开放、坦诚的方式提议并开展交流。教师觉得对学校发生的事有知悉权。教师随时随地地分享意见与情感。出现问题时教师不应受到指责。

“积极的环境”（Positive Environment）：教师对工作环境普遍感到满意。教师感到同事、家长、学生与管理层之间彼此尊重。教师认为学校拥有有效的管理领袖。

最近，我们对两位在读的教师莎拉与安东尼进行了采访。莎拉在完成四年的师范课程以后将直接进入教育岗位，而安东尼是一名进入教育行业、寻求获得选择性教师认证的中年转职者。他们现在都是初任教师，我们希望了解到，他们各自的学校文化有何不同，对他们自身、工作以及成为教师领袖的志向产生怎样的影响。以下对话表现了他们在两个完全不同的学校环境里对上述学校文化构成的感受。

（1）那些跟你一样的新教师的专业培养与学习状况，你会有何表述？（以培养为核心）

莎拉：我想说我们的指导计划形同虚设。我的辅导员很热情，她说如果我需要任何帮助可以随时来找她，但我们没有供大家坐在一起讨论的组织和时间，也没有具体的期望与目标。从第一学期到目前为止，除了初任教师入校前的那一天以外，我没有参加过任何正式的专业培养活动。

安东尼：我喜欢校长总是跟我们分享一些文章和书籍。他带领一个学习小组，如果我们有兴趣与其他教师交流阅读心得，可以在周二的早晨参加学习小组。让我印象最深的是，校长经常来找我，安排我到同事的教室去观课。我的辅导员跟我一起研究新课程，他已经跟我的学生上了几节示范课，而我在一旁观课。

（2）你如何描述你的工作环境？（积极的环境）

莎拉：我已经决定不再去教师餐厅吃午餐了，多数教师也不太喜欢去。我觉得教师和学生的付出没有得到重视，这令教师感到非常苦恼。我想我在这里可能会学到一些东西，但不会永远待在这儿。

安东尼：我们共同努力以满足所有学生的需求。学校的一条准则是我们作为一个团队一起工作，所以我没有势单力孤的感觉。我觉得，即使作为一名新教师，我也是同事与管理层的合作伙伴。我的校长经常表明，我们的工作重点是学生的学习。我认为来这里工作是我的正确决定，而从实验室工作改行教书是一次成功的调整。

（3）教师获得什么样的认可与回报？（认同）

莎拉：我的副校长陪我参加校园舞会，还给我足球比赛的门票。此外，校长在上周对我进行观课后给予了积极的反馈，我觉得很不错。

安东尼：我希望管理层把我们当作教师尊重我们的意见与想法，我们经常参与如何提高学生学习成绩的讨论。而我在团队与部门会议上的发言，经验教师似乎还很赞赏，我喜欢这种频繁的互动，即使一点点赞扬也让我在第一学期里受益良多。

（4）你如何受到鼓励进行改革或创新？（自治）

莎拉：有人告诉我，我们学校的教学资源因为削减预算而非常有限。我还没有自己的教室，所以我发现要想做任何尝试与创新很难。每个学期辗转于全校不同的教室，这让我很难完成理科的新课程，因为学生需要做实验。

我任课的班级，学习成绩比去年有进步，这让我的系主任感到很高兴。那时给学生上课的是一名没有获得理科资格的全职代课教师。

安东尼：我有素养教练员为我提供支持，帮助我完成知识领域的阅读教学策略，她还建议我针对某些特定的学生将教学策略进行改编或调整。她观察我的教学过程，与我一起讨论我对如何取得教学成果的看法并协助我改进。副校长已表示，如果我想继续推动差异化教学，他愿意向我提供帮助。她说她会事先帮助我审阅教学计划，协助我授课，我要学习同时管理多个小组不同起点的学生。我们还运用一种被称为“课堂演练”的方法，让同事参与授课预演，然后一起讨论他们的意见。我渴望听取他们的见解，我希望明年能独自做课堂演练。虽然有很多东西要学，但我想所有这些措施能够对我的教学工作产生积极的影响。

（5）学校行政与教员之间、教员与教员之间如何进行交流？（开放型的交流）

莎拉：校长会在教师公告栏里通知近期活动及决定。我通常与其他理科教师交谈，我的系主任跟我们一起研究教学方案，因为我们很多人都是新教师。

安东尼：我们经常召开教职员工会议，教师在会上研究解决问题的办法并互相讨论，所以这里的所有教师我都认识。我喜欢与教师队伍以外的人一起工作，共同分享我们的观点。总的来说，我能够及时地了解信息，因为我们通过电子邮件和校内网络达到信息共享。作为学校，我们对家长、学区人员以及商务合伙人实行开放，他们经常参加我们的教职员工会议。

（6）你通过何种方式表达意见或制定决策？（参与）

莎拉：只要不违反学校和学区的规章制度，我可以在课堂和教学相关领域做决定。如我之前所说，这个学校的管理层似乎不太愿意听取教师和学生的想法和意见。

安东尼：当要制定重大决策时我们会经常见面，或者有时我们被要求将自己的意见或想法写下来。作为一名新教师，我喜欢参与并期望在来年加入学校咨询理事会。

我已经听说有经验的教师可参与招聘、经费预算和制定教学进度表工作，所以我对未来充满了期待。

（7）你如何开展教学与学生工作方面的协作？（合作）

莎拉：如果有需要，我可以跟我的辅导员沟通，我想我的管理层应该愿意与我当面沟通。大部分的经验教师是这里的老员工，他们似乎不喜欢与别人来往，我觉得自己像一个新人。

安东尼：我曾经提到过我的素养教练、校长、副校长，还有其他系的同事，我经常与他们互动。我们的教职员工会议有合理的架构，因此我们与教师队伍和科系以外的教师合作。最近，我与一名从事特殊教育的教师协作，确定为有学习困难的学生提供一些解决办法。我感觉在这所学校里，和同事一起讨论、分享与学习的机会非常多。

我们的访谈展示了莎拉与安东尼第一学期作为新教师在各自所在学校的不同环境。哪种学校文化更适宜教学、哪所学校更能够有效提高学生学习成绩，显而易见。我们还可以很容易地预见到，哪所学校有希望将新教师培养成教师领袖，哪所学校会对教师成为教师领袖的远大抱负构成阻碍。

为了帮助教员与校领导对自己的学校环境进行评估，我们制作了一份测评工具，“教师领导力学校问卷调查”（TLSS；参照资料B），以此衡量教师对学校在展现这些文化构成方面的看法。我们经常与参与教师专业发展课程的教师一起运用这套工具。教师逐项回答并打分，之后我们审阅。教师一起拿出测评结果，记录下他们的共性与分歧，并就学校的教学实践展开讨论。来自同一所学校的教师像磁体一样相互吸引，为的就是能够看看他们对本校的看法是否相同。探讨学校如何认可并加强领导力可作为教师影响学校实施改革的一个跳板。其他学校的教学方法会令教师感到惊讶，经常听到教师说“你的意思是你们学校的教师参与做决定？”或者“你们校长鼓励教师在学校里这样做？”

TLSS让教师领袖有机会汇总教师的想法，评估学校对每一项文化构成的执行情况。校领导与教师领袖利用这些数据通力合作，确定有效工作的方法以及有待进一步发展的文化构成，为教师领袖提供支持。

创造切实有效的学校文化的需求比以前更为迫切。为使专业学习社群在学校蓬勃发展，必须创造合作文化。教师与校领导必须齐心协力，在确保所有学生学习的同时关注教学成果、提高学生学习成绩。对教师领导力起促进作用的学校环境以及由此提高的学生学习成绩受到诸多因素的影响。本小节我们集中探讨三个最重要的因素：① 成年人与学校的关系；② 现行的组织架构；③ 校长行动计划。这三个因素是典型的校内与学区内掌控的因素。

2. 校内成年人之间的人际关系

如果产生教师领导力的环境很重要，那么起关键作用的则是环境里的人际关系。有领导魅力的校长在学校独领风骚的年代已经不存在了。适合问责制时代需求的领导模式的定义让我们意识到，领导力必须“合理，而非个人”。唯一、英雄般的领导者，其领导力是不会取得成功的；相反，领导者必须思考如何培养人际关系，如何让所有教师、校领导和家长共同协作，提高学生学习成绩。权力共享的学校，依赖一个英雄般的领导就不会有希望，教与学就不会得到改进。富兰指出，我们必须“克服对个人主义解决方法的偏见”，并意识到，没有人可以独自解决所有问题（做到这一点）。当然，校长拥有正式的权力职务领导学校，但他们很快认识到，如果他们不与教师共享权力而独自前进，或者无视教师、学区工作人员、家长间的合作与努力，他们就不会取得太大成功。希望获得成功的校长很快意识到，注重建立校内外的人际关系至关重要，在校内培养成年人之间的人际关系也是如此。

鉴于人际关系的重要性，哈格里夫斯与富兰指出，学校优先考虑的问题不仅仅是结构的重组，还应该是“文化重组”。学校文化重组的目标是，教师和其他利益相关者在协同工作浓厚的文化氛围里以不同的方式一起工作。他们在给校长的行动指南里指出，要重视最终决定校内人际关系的情感管理。有证据表明，在校长、教师与其他人在专业学习社群里发展合作关系时，学生的学习成绩会更好。

教师领袖在获得领导机会的同时还承担建立人际关系的责任。社会互动对学校教师领导力的影响要多于培训、经验、性格特点、能力以及学校正式的组织结构。教师在担任领袖角色的同时，还要尽力与同事保持协作关系。教师领袖与其他教师间的人际关系对构建校内学习者与领导者的专业社群至关重要。巴斯指出，无论是互不干涉的平行关系，还是长期的敌对关系，或是融洽的关系，都不会促使专业学习社群在学校里健康的成长。然而，他建议创造合作文化是有必要的。他解释说，合作文化包括相互交流教学实践、分享专业知识、相互观课以及为获得成功相互支持。

校长与教师领袖必须围绕彼此为之奋斗的任务与目标，建立起一种互补的关系。克服过去领导就是老板的模式化角色，同时有创造性地开辟新的合作方式会让双方共同受益。对于教师领袖来说，与同事建立关系比与主管共事还要艰难。教师人人平等的行为规范让教师没有勇气承担领袖角色。这些行为规范尊重其他教师的隐私，一旦违背，则会遭到同侪的排斥。而教师依然冒险越过自己的常规角色，因为他们有兴趣让自己的专业获得发展。一位倡导独特创新，比如新的写作方法的教师就是个例子。一旦教师有了新的想法并满怀激情，同侪的态度给他们带来的担忧会在与其他同事的交往、联系中抵消，这些同事抱着相同的想法与目标，即希望对学生产生积极的影响。

与在教师领袖的接触中我们了解到，他们对自己与同事的人际关系感到担忧。如何影响、带动反对改革的教师？如果自己参与了领导行为，而自己的朋友却没有，那会怎样？为什么要承担疏远同事的任务？如何领导经验教师？为明确教师领袖在某个学校中的角色，针对如何将教师领袖的概念融入现有的学校文化，有必要展开深入交流。对自己的领袖角色感到陌生的教师需要获得不断的支持与机会，教师领袖会逐渐意识到，他们的新角色会引起一些摩擦，但他们同时也知道，学生学习成绩的提高与合作共享的增加所产生的好处会远远超过其所带来的问题。G.唐纳森对教师领袖持乐观态度，因为他相信教师领袖在与同事建立人际关系方面具备很多优点，包括：他们本身就是教师；他们会分享课堂教学情况；教师领袖经常与小型管理团队合作；他们依靠同事获得成功。

3. 学校的组织架构

校内的领导者与校外的决策者会对学校的组织架构产生影响。与为合作和专业社群提供支持不同，学校的组织架构通常将教师拒之门外并将教师的时间瓜分，这就使教师与专业产生了距离。根据在八所学校进行的一项实施改革的研究发现，推动教师领导力有必要改变组织架构。学校可以按照促进教师队伍自发合作的方式进行组建。架构体系可包括我们组织教与学的方式、我们利用时间与资源的方式、学校建筑物的实体结构、共享信息的方式、提供奖励的方式。科伊尔表明，学校现有的组织架构几乎没有树立起教师课堂之外的教师领袖的形象，实际上是阻碍了教师领导力。自从科伊尔十年前发表这一论述至今，很多学校在组织构架上并没有太大的改变。

令人惊讶的是，以学校现有的架构，教师领导力的存在是有可能的。庆幸的是，现有的架构出现了有发展前景的替代方案。学校正在采用一些方法，比如规模大一点的学校里的“家”，学生与教师可以在那里一起学习与工作。还有为不断取得进步而采用的另一种灵活的架构形式，即一批教师与各年龄段的孩子在一起共处一年以上。学校还对人力资源进行了重组。比如，某些学校已经在课堂或教师队伍里实施了对学生有特别帮助的“介入”法，而不是脱离学生。这些架构以教师自己选择如何计划与工作的方式为教师领袖提供支持。

其他架构改革很容易在学校里实现。很多学校制定教职员工会议计划，让教师参与共同探讨教与学，而不是典型校长唱主角并发表长篇大论的会议。为教师安排协同备课的时间有助于协同课程与教学工作。重新安排学校的日程表，让教师有自由的时间回顾考试成绩、探讨学生工作，为下一个主题单元寻找资源，或者观摩其他教师的示范课，这些都是有成效的改变架构的例子。通常，用一点点创意与开放的态度换一种方式工作，学校的架构就会发生改变，教师共同学习与领导的机会也因此而增多。虽然这些微小的变化颇有助益，但学校架构最实质性的改革是，当教师领袖在努力平衡课堂教学与领导工作的关系时，学校需要减轻他们的压力。

无论是校内还是校外的组织架构都不能被忽略。认可、沟通与参与的体系必须有明确的规划。比如，教师领袖需要了解学校究竟是如何制定决策的。熟悉工作方式的教师越多，涌现出的领导力就越多。为了让教师领导力在这些体系内发挥作用，构筑积极的环境需要善于利用各种资源，为教师建立学习、领导与合作的架构。如果教师亲历了扩大工作管理权，如果教师的改革工作获得了组织机构的支持，那么教师就有动力继续承担领袖角色。最近，五所学校进行的一项研究发现，教师领袖在学校普遍存在的主要原因是，学校配备专门的架构和组织形式来为教师领袖提供支持。

这些学校进行了重组，教师可以因此在强大高效的团队里工作，学校还给予他们时间计划与讨论教学工作，同时研究解决问题与新举措。这五所学校采取的措施包括，支持大量由教师发起的改革。同样，学校行政人员也积极融入改革创新，这被视为愿意接受改革的表现。教师觉得他们有独立自主权，他们的想法得到了倾听与尊重。

迫于全国与各州的规定与绩效问责制的不断压力，校长的日常工作一直忙于出席学区会议、处理家长与学生的投诉和确定学生辍学原因，而这一切并没有耗费宝贵的教学时间。所有这些工作都是非常重要的，而与教师的共同合作、建立实际可行的沟通网络、组建有效的决策团队与庆祝成功所消耗的时间让学校获得更多有价值的回报。

关于组织架构，经常提到的一个问题是教师在学校没有时间开展合作与领导活动。比如，在北卡罗来纳学院2006年进行的一项调查中，超过29%的调查对象表明，对提高学生学习成绩的工作条件来说，时间最为重要。2002年与2004年的调查结果也是如此，时间一直是全美所有教师的工作条件里最成问题的一个。与之类似的，全美职工发展委员会提倡，教师应将每周法定工作时间的25%用于专业发展。如果教师要符合21世纪的标准、应对掌握最佳的教学方法、教育日益多元化的生源以及课程改革所带来的各种挑战，就必须赋予足够的时间。我们将在资料C中对时间展开进一步讨论，阐述为教师领袖角色提供时间的策略与方法。

4. 校长的行动措施

从历史角度观察校长在改革中的角色，有助于我们了解随着时间的推移，校长为教师领袖提供环境支持的行为应进行哪些改变。在20世纪80年代初期我们认为，如果学校的教育工作要取得成效，校长必须成为教学工作的领导者。同时，他们还要应对其所属学区与州提出的各种需求。

他们被期望，是事必躬亲、按时完成各种文字工作的优秀的“部门经理”、教师与非教职员工优秀的“主管”，还是让教职员工不断获得动力、服从与协作的优秀的“老板”。20世纪80年代中期，我们在一所大型城区从事校长培养方案时，工作重点主要以校长的职责为主，比如教育经费预算、教师评估、学生课程进度安排以及学校基础设施管理。

到了20世纪90年代，共同决策模式开始普及。领导力共享方案有望让校长作为积极的一员，愿意参与教师与其他利益相关者制定决策的过程。乔治亚州针对模范领袖的一项研究数据表明，校长作为促进各方面协调发展的领袖，对教师的整体赋权意识作用重大。同样，学校重组研究的结果也显示，校长的行为已经从指令型向共享型转变。校长在学校采取共同决策的行为鼓舞了教师领袖，为着重提高学生工作知识素养做出了巨大贡献。这项研究提出，一所成功的学校的校长培养教师制定决策、鼓励实验、发挥企业家创新精神、利用外部需求为学校建立缓冲区。共享领导力的现象反映了校长用实际行动来鼓励教师参与领导。然而，现实却是很多教师仍被拒于决策过程之外。十几年前，只有三分之一的教师认为他们对诸如课程和纪律等重大决定产生影响。今天，每天制定许许多多课堂决定的教师依然发现，他们没有在自己所希望的领域参与教学决策。

近年来，有关校长有效工作的思想与我们提出的教师领袖概念越发一致。在研究校长角色时，很多教育工作者主张，领导力的基础是把学校视为专业学习社群，而这些社群则按照教职员工在价值观、理念与义务分享上是否取得一致来进行界定。萨乔万尼认为，校长竭力让价值观共享更加明确，这些共享的价值观成为不成文的非正式规范行为约束的主要来源。作为社群的一员，教师通过遵守学校社群非正式规范制度来履行自己的责任与义务。

两者之中的联系使得校长对外部的依赖较少。其结果是教师越发善于自我管理。哈里斯与斯皮兰将分布式领导力描述为是学校针对领导力的另一种思维方式。他们指出，领导力实践构建于领导者、跟随者以及各自所处环境之间的互动之中。他们的观点是，领导力是将很多插手学校领导工作的个体结合在一起。由于改革的复杂性与教学实践的亟待改进，现如今校长很快发现，他们必须依靠大量教师将专业知识应用于专业领域和最新的课堂教学体验，从而为其他教师的教学方法提供示范。在这种情况下，教师领袖出现了并依靠自己的专业知识与能力承担领导责任。

今天，我们意识到，区别校长工作有效性与否的主要方法是，有效性校长花时间积极参与课程与教学，而有效性较差的校长，其大部分时间用于管理组织结构与学生纪律。切实参与学校改革的校长意识到，每一位教师都可以与校长合作成为一名领导者，而组织内的每一个人都可以扮演教与学与领导的角色，也就是利伯曼与米勒提出的“领导密集”。

今天我们在与校长的合作过程中，有关领导力的交流已经发生了变化，但那些预备校长仍然希望研究生院校与专业发展机构为他们提供专业技术职责培养。通常，这些未来的领导者一开始会认为，他们的成功仅仅取决于教职员工管理、编制预算，或创建总体日程计划。然而针对他们的发展，我们的方法关注于更复杂的领导形式，强调的是价值观与理念、前景共享、学校文化、教师领导力、专业学习社群，并且把学校的注意力转向教与学，以此让所有的学生都能够学习。与掌握专业知识与管理技能同样重要的是，今天的校长必须重新思考，如何针对自己与教师领袖的合作优势，将这些教学工作技能应用于教与学的转变。校长在这个时期扮演的另一个角色是对来自学校外部的障碍起到一个缓冲作用。这些障碍有可能来自学区、家长、社群成员，或者诸如特别兴趣小组等其他外部因素。成功学校的校长与大型机构协商，联络权力人物，为学校消除这些障碍。

教师甚至不知道校长为保护他们免受不愉快信息的干扰所做的努力，因此这些信息会使他们的领导积极性受到打击。最近我们从一位教师领袖那里得知，她们要承担其所在高中要提高数学成绩的领导任务。令她感到十分惊奇的是，她需要花费大量的时间来保证完成她和教师与学区数学督导员达成一致的教学计划。她说校长对她与同事给予了充分支持，结果是积极的，学生的数学成绩仅在一年之内就取得了巨大进步。

当教师领袖走出课堂与学校时，他们通常会因学区与社群的政治本性而感到吃惊。也就是，教师认为他们学校的职场氛围能够成就或者破坏他们的领袖角色，他们大多数人把校长看作是营造良好职场氛围的主要因素。如果校长以开放的态度接纳领导力共享、鼓励教师参与决定，那么教师在重大问题上提出倡导时会更加顺畅与坦然。另外，学校相对来说是一个不太稳定的环境。新的教学方案被逐步引入，旧的教学方案被逐步淘汰，教师发现自己一直在构建各种新的学校社群，当然还要从事与前一批学生有不同需求的新的教学工作。这些变化的因素似乎成为教师在学校发挥有效教师领袖能力的主要力量。有一名教师领袖为解决自己的教学方案问题而制订了学习计划，而仅仅在学习之后不久，这个教学计划就有可能被淘汰。另一名教师领袖，希望自己成为接替年级跨学科团队领导，利用整个暑假的时间改进团队有效性，但在新学期一开学，她就被调到了不需要定期开会并且由其他人担任领导的新团队。

如前文所提，执行计划的时间对教师领袖来说是一项挑战，尤其是当一项改革的成功需要时间交流、协作规划、解决问题、专业发展、评估以及更多工作的时候。时间问题总是得不到学校行政人员与教师的共同解决。人们只是简单地理解为，改革工作要求教师必须投入额外的时间与精力。一名教师领袖分享的观点反映了很多人面临的问题：“对我来说，这是一项庞大的工作。如果我按部就班，一成不变的讲授我已经教了七年的课程内容，那我的工作就会比原来的还要多。”她最后总结到，如果她不完全尊崇这种理念，她就无法持续实施自己的教学计划。

最后，穆勒与潘科克建议，校长采取行动提供支持环境是在专业学习社群内鼓励权力分享、培养教师领袖角色的关键因素。校长为教师领袖提供支持，其途径是积极地倾听，承担了解学校教与学的职责，同时针对学校的共享决定不断跟进。很多文献资料都提到了校长采取行动措施的重要性，对创造有助于教师领袖角色的学校环境极其关键。

5. 总结

教师领袖的成功取决于其赖以生存的环境。示范学校的校领导以教师领袖工作为当务之急，甘冒风险提供教师领袖成功之所需。这种现象并非偶然，它是这些教师领袖为创建支持所有学习环境，包括教师领袖培养在内的刻意而为之的结果。

学校正在创造一种环境，帮助教师领袖注意观察对教师领导环境的构成具有重要意义的主要特征。必须切实发展学校与成年人之间的人际关系，创建组织架构，并与校长的行动措施相一致。每一个环节都影响着教师领袖的工作成果，并最终影响学生的学习成绩。

投身于教师领导力的校长，自身能力获得了巨大提升。教学任务完成的越多，学生的学习成绩就越好，学区对学校的意见就越少，教师的满意度也越高。其结果就是合理利用人员，反过来带动学生的学习成绩。虽然教师领导力让校长与教师同时受益，但最重要的是让学校内的学生受益。在合适的学校环境下，教师领袖可以并真正影响着教与学。

6.应用挑战

（1）教师

① 如果不受财力与物力的限制，你如何构建并组织教师执行领导工作，确保所有学生学习？与感兴趣的同事探讨需要关注教师领导力的组织架构。

② 列出教师在学校参与决策的领域，列出你希望教师在学校参与决策的领域。检查清单上的每一项，提出两个问题：这个决定是否与教师有关？教师是否具备或者是否能够获得专业知识来参与这项决策？如果两个问题的答案都是肯定的，那么继续向教师施加影响让他们参与这些决策。

（2）校长

① 教师间的团结协作是改善学校教与学的关键。分析校内开展协作的领域与形式。对于你对推动教师合作所做的一切，倾听教师的见解与看法。询问自己是否以任何形式阻碍了教师合作。

② 教师承担领袖角色可能会受到质疑，与同侪的关系可能会受到负面影响。思考如何有效引入教师领袖角色，如何给予不断的鼓励、支持与问

题解决，帮助教师领袖在校内现有的文化里从正面获得认可。

（3）教务管理人员与学区工作人员

① 对制度的思考可以帮助领导人意识到，人（尤其是教师）通常不是问题——有问题的是制度。思考如何检查程序、流程与政策，探究自己的行为方式有哪些发展变化，而非指责。然后对组织制度与规范进行必要的改革，为教师领袖在提高学生学习成绩领域提供支持。

② 当教师的能力得到认可并受到了民主的对待时，他们会发现，为学生做的同样的事情变得容易多了。你如何帮助作为学区决策执行者、持有官僚主义观点的教师，转变为具备专业知识与潜力、在学校与课堂层面有选择权的决策制定者？作为监督人员，诚实地面对自己，剖析自己的观点并对自己的行为进行评估。

（4）大学与高等院校教授

① 考虑运用“教师领导力学校问卷调查”（TLSS）（参照资料B）收集数据，了解教师领袖在实习学校获得支持的情况。让你的学生在各自观课与工作的学校寻找TLSS问卷上每一项的正面范例，然后在大学课堂上对这些最佳范例进行讨论。

② 为师范生布置网络搜索任务，让他们寻找示范学校并学习。引导他们关注未来的高效能学校，特别是人际关系与组织架构领域。

第六章　通过教师领导力影响他人

我认为，我们更多的是要把（教学改革）视为一项伟大的科学实验，我们在这个实验里制定策略，寻找我们认为并相信最适合孩子的方法，了解如何充分诠释这些策略，确定受影响的目标受众以及尝试对其施加影响。

玛莎·拉采尔（Marsha Ratzel），中学教师领袖

我们已通过观察发现，幼儿逐渐认识到，他们能够对自己生活里重要的成年人产生影响。在这一过程中，他们开始试着发声：从咯咯作声到尖叫，再到逐渐形成第一个词汇。当意识到自己发出的声音可以影响周围的人与环境时，他们的脸上会有一种惊奇与满足的表情。同样的，当教师意识到自己的领袖角色第一次得到了肯定，当他们第一次发现了自己领导力方面的声音时，他们逐渐了解自己的声音被同事、家长以及社群里的人的倾听。

具备影响力技能的教师领袖对自己的教学实践、同事的专业学习、教学方案、工作重点与制度政策都产生着影响。教师的声音通常是沉默的，但他们的见解需要得到所有试图改进教学的利益相关者的倾听。最终，这项工作有可能取得成功的关键在于——学生的学习。

教师领袖可以通过一些行动措施令教学有所改观。在我们的研究工作中，我们听取了许多教师领袖影响学校改革的积极经验。这些经验有什么共同点？教师领袖能够通过示范自己有效的教学实践、与他人的合作以及参与决定和解决问题来影响学校的环境。作为教师领袖，他们有机会参与互动、观课与反思，从而获得改进教学实践的学习机会。约克·巴尔与杜克在查阅了20多年来有关教师领袖的研究报告后指出，事实上，教师领袖最明显的效果是教师自身的学习与进步。担任领袖角色的教师影响着同事并经常帮助他们革新课堂与教学层面的教学方法和实际经验。当这些教师视野变得开阔，不再受课堂的局限时，他们掌握了亟须改革与解决问题的第一手信息。教师领袖在他们再熟悉不过的学校环境里，尝试并学习以协作的方式解决问题。

1. 利用教学能力施加影响

巴斯指出，需要利用教师教与学的专业技能来引领教学改革。斯内尔与斯汪森在他们对十位教师领袖的研究中发现，“专业技能是教师领导力的基本特征，因为它是教师间建立信任的典范，从而为他们打开了一扇发挥教学领袖作用的大门。”通过专业技能，教师领袖示范有效的教学实践、辅导同事，并通过与他人合作使教师摆脱与外界隔绝的状态，让很多教师不再被禁锢在教室里重复着相同的教学方法而不考虑教学成果。我们提出的教师领导力定义的第一个组成部分是，教师利用出色的教学水平在教室“内部”（within）起主导作用。

为了利用这种资源优势，教师依靠这种能力来学习如何影响他人。

全美专业教学标准委员会提案五的内容就是一个吸引优秀教师重要性的例子。

提案5：教师是学习社群成员

NBCT（全美教师认证委员会）与其他机构合作以提升学生学习成果。
他们是教学领袖，积极了解如何寻求与构建社区团体和企业的合作伙伴关系。
他们在教学方针、课程编制与教职员工发展方面与其他专业机构开展合作。
他们能够评估教学成果，分配教学资源，努力实现地方政府制定的教育目标。
他们了解如何与家长协作，让他们参与卓有成效的教学工作。（全美专业教学标准委员会，2008）

具备了这种教学专业技能，教师通常会得到同事的信任。由于教师领袖可能没有发觉自己的职务被赋予了权力，因此他们通常不会利用授权的职位来采取行动。教师领袖的个人权力来自其他教师对其教学能力的认识。一位校长在提到一名教师领袖时说：“虽然她对很多教师来说仍然是同事，但却是我们学校里的专家。”

2. 教师如何发挥影响力

教师通过各种途径对他人产生影响。一名教师在成功运用教学方法以后，会成为一名与其他教师分享经验的倡导者。利伯曼与米勒指出，教师在愿意与他人分享经验之前，必须在课堂里进行自我磨炼。当他们与同事交流时，对同事产生影响，其成果是巨大的，因为教师以学生互动为基础，通过亲身经历，倡导新的教学方法。

一位校长在讲述一名特殊教育的教师是如何影响同事的时候说：“明

年我们将在班级里开设特殊教育，但非抽离式的课程。她对此有坚定的信心。”这位教师非常热衷于自己的想法，她对其他不愿意改革或改变教学实践的教师产生了影响。

大量文献资料为影响教师领导力给予的支持是进行阐述，对成果的评定却无法提供证明，但由教师领导力带来的影响却是有办法获得证明的。我们与教师领袖一起收集整理的有关影响力的描述如下：

- 一名教师领袖在一所弱势学校做新教师的全职辅导员，他意识到了自己与校长建立互动关系的重要性。为加强彼此的工作关系，他说服学区负责教职员工发展的主管人员为校长和辅导员制订年度与学期计划，并计划帮助其他教师开展互动与合作的方法。
- 几名教师领袖研究了有效专业发展后，针对加强课堂专业知识运用，自发重新设计了全年全校教师的专业发展方法。教师参与学期规划、年级教师队伍协调和跟进策略制定，采用长期、以结果为导向的方法解决专业发展问题。
- 在另一所学校，教师领袖发现，有必要为每年大量加入教师队伍的未认证的新教师提供协助。他们决定采取的行动是激发同侪学习有效辅导的兴趣，在有经验的教师当中寻找志愿者对新教师进行一对一辅导。召开课外支持会议，与新教师共同探究解决问题。辅导教师定期邀请新教师到他们的班级观课。
- 一名担任年级组长的教师领袖，代表学校所有年级组长以实际行动影响校长。幸运的是，对如何通过提出参与要求并提供足够的参与时间，从而改善他与年级组长和教师的沟通交流问题，该校长表示欣然接受。这位教师领袖还帮助校长了解到，这个学校的年级组长的角色并不清晰。期望是什么？给予教师课外时间从事这一角色是否合理？这些以及其他问题在下一次的组长会议上通过与校长对话得到了解决。

- 另一位小学教师领袖被要求负责提高阅读水平。通过学习小组，她和其他小组成员构建了阅读方法的知识。她与同侪建立信任，为他们提供帮助，之后她受邀走进课堂示范阅读教学课程。某些参加构建学习小组的教师从她的教学法示范课上树立了信心，并最终尝试了新的阅读教学法。她根据不同的需求随时为这些教师制订计划并提供辅导。

虽然教师领袖对教与学产生影响是预料之中的事，但他们对教学的其他领域同样也有贡献。教师领袖可以影响教育的方针决策，保障学区资源，与家长开展共同协作，其工作可能性的范畴与领域是无限的。成功的校领导会帮助教师发现自己影响的激情或利基，而教师会因此成为改革的倡导者并吸引其他教师致力改革。

为了利用这一巨大潜力，我们必须让教师做好有效影响他人的准备。具备影响力技能的教师树立了自信，并在与家长、校长、学区工作人员和大型教育社群成员的交往中运用这些技能。认识到了个人的优势与发展需求、重视自己的工作环境后，领导力发展的第三个部分是学习影响的策略并思考“我如何领导？”（图6.1）。

3.影响力策略

培养教师领袖应以培养教师领袖影响他人的技能为主。这些为教师领袖提供支持的技能包括倾听，团队协调，学习与学校行政人员、其他教师、家长或其他主要利益相关者的沟通技巧，从而对积极的行为产生影响。

如果教师想要成功承担领导同侪的角色与职责，就需要获得新的技能。在不具备专业技能的情况下承担领袖角色，对渴望影响同侪的教师来说没有任何保障。大约在20年前，古德拉德指出，“一味扩大教师权力，却不培训教师如何充分使用权力是不负责任的行为。”

图 6.1　影响他人

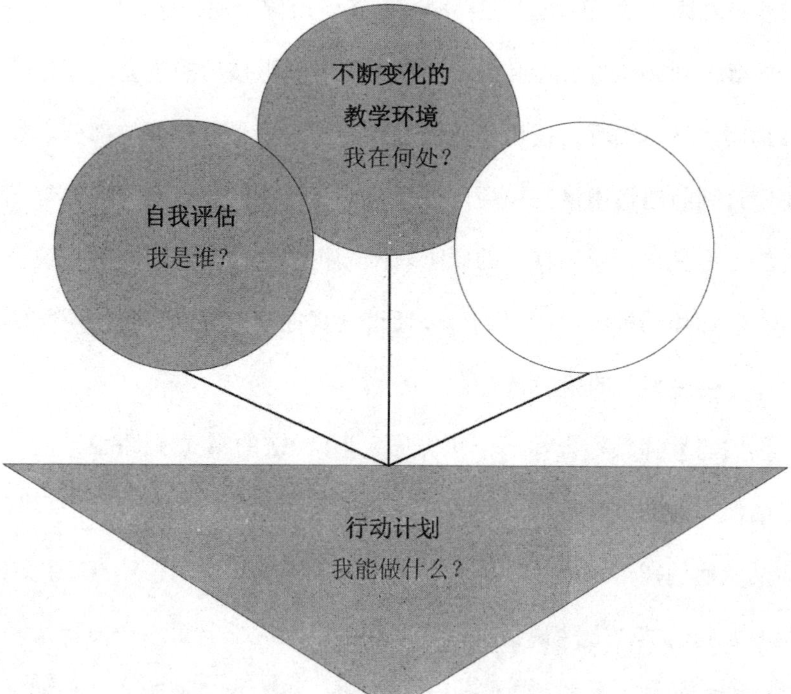

潜在的教师领袖在大学与研究生课程期间就开始拓展影响力方面的知识与技能。同时，学区与学校可以让这一学习过程在该教师的整个职业生涯中得到持续发展。韦斯、坎博内和魏斯提出，教师的新角色与关系将代表着挑战，教师领袖需要做好协商、冲突管理以及做决定的准备——所有这些充分说明培养所有教师的影响力不可或缺。

（1）倾听技巧

有些人认为，如果他们担任领袖角色就应该有求必应。我们建议教师领袖，如果要获得领袖角色的成功，考虑一下倾听，而不是倾诉。学习这些技能的教师领袖表示，在与同事的交流过程中，善于运用倾听技巧让他们变得更有影响力。我们经常会问，参加培养教师领袖会议的人里，有多少教师在就读大学或研究生课程期间准备学习倾听的技能。

只有不到10%的团队组织表示提供发展倾听技巧的机会。而教师领袖告诉我们，学习倾听的技巧是他们领导力学习里最有价值的部分。他们描述如何有判断地运用这些技巧，列举他们在解决问题以及与同事打交道时产生的行为变化。感同身受的倾听对刚刚担任领袖角色的教师来说至关重要。一位教师领袖说道：“我可以通过认真地倾听并确定我的所闻所想，为教师提供更有益的帮助。”

我们向教师领袖推荐一个我们称之为FLEX的模式（图6.2），一种用于记忆新掌握的倾听技巧的简称。当我们对倾听技巧进行复习回顾时，教师们发现他们知道这些技巧，但却很少有效地加以运用。第一个技巧的情况尤为如此，即“专注说话人，不评判，不回应”。第二个技巧是“以积极开放的肢体语言倾听”，诸如双臂交叉或坐在桌子后面的行为都是不正确的。第三，我们鼓励教师“注视对方的眼睛，与说话人感同身受”。这是影响他人的重要技巧，能够反映教师多视角观察问题和事物的能力。最后，我们建议教师“研究非语言提供的线索，探究说话者语言背后隐含的意义与感受”。通常我们渴望表达自己的观点，在这种情况下，我们或许会忽略他人的意见。教师领袖可以运用这些技巧，对与他们切身相关的教育问题进行探讨。在运用这些技巧过程中，他们会给予或收到对方的反馈。

教师领袖在校内外与同事、家长、社群、大学和高校教员、立法者以及其他方针政策决定者互动。

图 6.2　倾听的技巧

F 专注说话人，不评判，不回应
L 以积极开放的肢体语言倾听
E 注视对方的眼睛，与说话人感同身受
X 研究非语言提供的线索，探究说话者语言背后隐含的意义与感受

所有这些互动需要出色的倾听技巧作为影响他人过程的一部分。我们的跟进研究显示，教师领袖在职业角色以外运用技能：44%的人表示用于公民与教会工作，41%的人表示用于夫妻、家庭成员与子女间的关系。

（2）团队合作技巧

教师在委员会与团队的工作经历表明，学习如何在团队里工作需要新的技巧。十几年前，按照传统方式为课堂角色做准备的教师没有培养促进成年人团队合作方面的技巧。这些技巧的运用赋权教师领袖以新的方式，针对关注的问题所采取的行动产生影响。有技巧的教师领袖能够帮助团队解决问题，制定决策以及管理不可避免的矛盾冲突。培养专业技能，满足在团队小组协调、记录与汇报的角色，有助于提升教师的领导能力。

作为“协调者”（facilitator），教师能够确保团队里的每个人有发表意见的机会，能够提出建议，保证团队成员专注并守时，能够关注讨论的进度，而不是内容。

作为“记录者”（recorder），教师能够倾听所有想法，切实领会中心思想，接纳与重视每个人的意见与想法。

作为“汇报者”（reporter），教师汇总讨论的主要思想，通过有效运用姿态与肢体语言分享团队的想法。

我们发现行为模仿法是学习这些技巧最为有用的方法，在此方法中，参与者通过人物模仿或视频了解新的技巧，学习构成这一方法的一系列步骤或行为，最后做好准备并付诸实践。在完成实践之后，该教师获得其他教师提供的反馈。我们发现，行为模仿法是帮助教育工作者掌握新技巧的极佳的方法。正如所有的专业发展一样，教师要想在学校里有效运用这些技巧与方法就必须获得跟进与支持。

很多教师描述了在课堂教学与领导同事过程中运用团队合作技巧的情况，列举数例如下：

- 一位教师提到，如何在作为教学课程修订组负责人的同时运用新技巧。
- 另一位教师提出如何协调小组会议，并表示团队合作技巧要比之前传统的议会程序更有效。

● 技术资源教师指出，如何运用技巧推动近期召开的使用课堂“智能黑板”的计划会。

● 一位希望经常与新教师沟通的素养教练说，她现在能够让整个团队在较短的时间内参与思想交流与分享。

● 一位特殊教育的协调员描述了她如何成功促成了有学校行政、心理专家、教师与家长共同参与的会议。

很多教师领袖描述了学校召开的会议很少取得积极成果的情况。在学习了这些技巧之后，他们认识到了如何采取行动以提高大家参与会议的成果。

（3）协商技巧

这一技巧的目的是帮助教师领袖掌握如何与持不同观点的人合作。由于专业发展学校、校本管理、决策共享以及合作关系参与已变得越来越普遍，教师领袖需要响应号召，去影响同侪教师、校长、学区人员和家长，有时甚至是大学教授。教师领袖可以学习如何对当前学校改革的问题或情况进行构思并表达自己的看法，从而对其他利益相关者产生影响。很多教师领袖认为，这些技巧的应用虽然不需要动手操作，但却是鼓励合作与参与的一种不错的方法。

（4）为影响做准备

花时间为一场会议做充分的准备，从长远角度来看，是在节省时间，同时也是对参加会议的另一方的尊重。

通常，教师领袖一直不理解不能成功影响他人的原因，而在很多情况下，这个原因是他们没有做好讨论自己想法的准备，没有预测对方有可能提出的观点。我们利用以下领导力发展方案指导帮助教师通过更积极的方式为影响他人做准备。

指导#1：“ 自我定位”（Identify own position）。准备工作包括，思考教师在某些问题的观点立场。鼓励教师将自己的立场写下来，这有助于教师明确自己的想法与意见。当教师写出自己的立场后他们会发现，他们的现有信息还不足以证明与表达自己的立场。

指导#2：“收集数据”（Gather data）。我们建议，教师利用个人经验与研究成果的数据巩固并支持自己的立场。利用研究成果的数据要求教师清楚，自己能从教育调研里得到什么收获。同时还要鼓励他们采取行动研究计划，或者运用其他数据收集的过程为自己的立场寻找支持。

指导#3：“明确自己与他人的需求”（Identify the needs of self and others）。接下来，教师思考自己在当前环境下的需求与兴趣，预测影响对象的需求与兴趣。为了实现共同的目标，希望参与或所有参与其中的人必须符合这一要求。教师领袖花时间思考的个人需求和影响对象的需求，可能相同，也可能不同。

很多教师表示，他们发现准备工作是与学校改革团队、课程委员会和其他校本工作团队共事时最重要的方法。一名来自乔治亚州的教师领袖跟我们分享了她如何运用准备计划流程与主管讨论有关教师保留以及学区的教育方针改革的想法。另一位教师领袖讲述了她现在如何向校长提出建议，方法就是先制订一个对他产生影响的计划。

（5）影响他人的步骤

教师领袖具备了专业知识、教学实践并获得反馈后，就会掌握影响他人的技巧。这些技巧有助于影响学生、其他教师、家长或学校行政，他们适用于各种环境。我们建议教师领袖在使用这些技巧时运用如下六个步骤：

第一步：明确并自信地表明自己的立场。教师应把自己看作是有作为并发表重要意见的领袖。阐述立场时要清晰、自信并反复演练，这是成功的关键。

第二步：运用数据为自己的立场作支持。在准备工作阶段收集的数据有助于树立教师领袖影响他人的信心。虽然大部分数据只能为教师领袖对实践的直观想法提供支持，但当一个人的立场经过调研或他人的经验验证时，就会感到欣慰与鼓舞。

第三步：探究并理解他人的观点。在做准备工作时，教师领袖预测那些目标影响对象的需求。现在，他们要探究他们的假设是否正确。

第四步：明确双方的利害关系。为了双方达成一致，教师领袖需要明确对方的观点。如果能对最终决定提供切实有效的帮助，那么寻找令双方都满意的共同点至关重要。

第五步：为特殊情况或解决问题创建选择项。公开所有选择项有助于推动决策的制定。提供的选择项虽然可能与教师领袖最初的想法相左，但有可能成为大家都认可的最佳解决方案。

第六步：达成一致。与各利益相关者达成一致能够加强教师领袖对学校改革工作的影响。当教师领袖成功地与他人合作，满足了每个人的需求并推动了学校在提高学生学习成绩方面的改革时，就会充满成就感。

本书之前分享的两种沟通模式帮助教师领袖如何与他人交流。首先，我们分享了ADS模式（参照第四章），在该模式下，教师学习“认识自己的差异，展现自己的价值观与思想观点，寻求理解并包容他人”（acknowledge their differences, disclose their values and views, and seek to understand and include others）。成功的影响力包括与持不同观点的人合作，而ADS模式还提醒教师领袖，开放的态度能够使结果更有成效。另外，倾听技巧的FLEX模式是让他人对教师领袖希望产生影响的领域参与讨论的有效方法。在与使用这些技能的教师领袖合作过程中，我们鼓励他们对自己的问题进行概述，然后就同样的问题再倾听对方的意见与想法。

花时间与其他人一起运用有效的倾听技巧会表明，这个人已经对这一想法表示赞成，或者会为教师领袖提供一个新的观点，从而有利于教师领袖找到解决燃眉之急的方法。

教师领袖为达到特殊的目的利用影响力策略，这些目的通常与他们关注的学校某一个问题或情况有关。技巧虽然对教师领袖有帮助，但除非教师领袖有行动计划，否则结果难以预料。

4. 教师领袖在学校的行动

我们在教师领导力培养模式的最后一部分是帮助他们回答“我能做什么？”（见图6.3）。教师领袖的培养，通过该模式的首要三个部分——“自我评估”（Personal Assessment）、“不断变化的教学环境”

（Changing Schools）、“策略影响因素”（Influencing Strategies）——让他们做好准备采取行动。教师未来的个人与学校发展愿景的构建，以及根据改革需求所收集的数据，使得教师领袖关注在领袖角色里应采取的特殊的行动。

图 6.3　采取行动

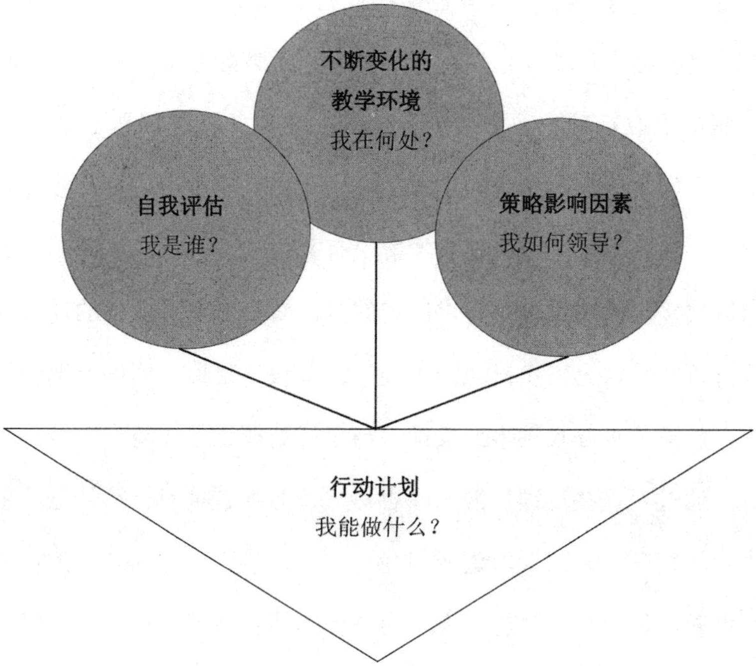

以绩效考核的方式来关注学生学习，对教师领导力的压力越来越大。教师领袖不能单纯地参与和影响他人而不承担教学成果的责任。我们在教师领袖的定义中加入了“为实现教学成果负责”的概念。承担责任的一个方法是学习如何制订一个有效的行动计划。虽然这些行动计划通常被称为“行动研究”或“教师研究”，但这并不是很多实践家惧怕或排斥的学术性研究。这些行动计划都是对教师领袖主要关切的问题产生重大影响的非常实用的方法。

教师领袖从制订“影响力行动计划”的工作嵌入式学习经历中受益。我们的理念出发点是，教师领袖需要学校或学区成功影响教学实践的架构，我们通过在学校或学区开展实践活动，为这些教师提供学习新的影响力技巧的机会。教师领袖参与为“影响力行动计划”起草方案，从而培养教师领袖的能力与自信。图6.4是整个流程的表述。

制订“影响力行动计划”包括，第一步：教师领袖投入精力与时间下定决心愿意采取行动。教师领袖考虑到，他们关注的问题还缺乏证据支持，于是开始收集与之相关的正式与非正式的数据。第二步：教师领袖放眼校外，寻找其他学校或其他教师解决有关问题的范例。这证明，问题能够得以解决，而教师领袖也可以确定的是，对有解决可能性的现实问题的投入具有可行性。第三步：教师领袖为改革设立目标，明确预期结果。在本阶段，教师领袖寻求同事的反馈，与正式的校领导，通常是校长进行沟通交流。通过对这些反馈资源的深思熟虑，教师领袖对行动计划的重点与目标进行了精简，之后采取进一步行动。“影响力行动计划”的最后三个步骤帮助教师检查外部资源并在校内进行实践，从而制订一份初步的行动计划。第四步：教师领袖研究在尝试解决问题时运用了哪些策略方法，这些现有或过去的策略方法哪些取得了成功。第五步：教师领袖到校外，确定其他学校和学区所运用的对执行计划的理解有帮助的研究内容与最佳实践。最后：教师领袖甄选各种策略方法，制定采取行动的流程。

图 6.4 影响力行动计划（IAP）流程

第一步：当前与该问题有关的信息：你如何知道存在问题？

阐述问题

选择该问题的理论依据

对教学环境进行叙述性描述，包括师生人数概况、学校文化与领袖角色的情况

对关注的问题提供数据支持：学生的成绩、出勤率、纪律问题、教师关怀及其他信息（可以是质化，也可以是量化）

针对这个问题，你在主张采用某种方法时所担任的职务（与基本信息）和角色

第二步：解决该问题的可能性：你如何了解该问题能够得到有效解决？

数据对比（比如，类似学校的数据，郡/州/全国的数据），与该问题有关的学习者的特点与需求（比如，对你学校的学习者学习数学的最佳方法进行调研）

第三步：理想状况：理想的情况会是什么样？

理想的行为或成绩水平，学习者的标准

第四步：现有的方法策略：目前所了解的用于解决该问题的策略方法有哪些？

用于解决该问题的现有的策略与计划，它们是否行之有效

第五步：调研与最佳方法：该问题能够得以解决的其他方法是什么？

对该问题进行调研并确定最佳方法（可包括与解决该问题方案有关的面谈以及从其他学校获取的信息）

第六步：选用的策略方法与行动计划：为达到理想状态将选用何种策略方法？

在学校/学区推动IAP的流程以及你在整个流程中扮演的角色

主要利益相关者以及提出自己的主张时，为影响他们所运用的策略方法

那些愿意执行该项行动计划的人的专业学习需求

资料来源：摘自卡尔霍恩（Calhoun），2002

教师领袖通过思考自己要承担的角色、资源需求、所需时间、谁是关键的利益相关者、如何影响以及如何绩效评估的方式来参与制订行动计划。

行动研究逐渐成为一种普遍现象，因为教师领袖意识到，自己通过学习不仅能够对自身情况产生影响，还能够影响他人提高教学实践。以下是教师领袖采用“影响力行动计划”取得成果的几个例子：

- 与五年级教师合作，在美术课里融入社会学课程。
- 在小学首次开设各年龄段混合班。
- 将高中学龄的可接受教育的智障学生，从初中班升入高中班。
- 当学生进入特长班时（比如美术班、音乐班），制定统一的纪律管理制度。
- 在新的联合学校推动教职员工团队建设。

对很多教师领袖来说，在冒险进入未知领域时向同事与其他制订计划的人寻求帮助是比较可靠的方法。一旦行动计划制订完成，教师领袖积极采取行动在学校实行改革。他们按步骤执行每一步，并深知自己及其他人要为计划的结果负责。

5. 总结

教师在公立学校如果被给予了机会，其有效性就会得到提高。虽然教师领袖产生影响力不无困难，但却是值得的。教师领袖影响他人时面临的困难可能包括：（1）思想保守的团队成员；（2）其他教师不愿意插手诸如学校经费预算、稀缺资源分配等棘手问题的决定；（3）缺乏校长对教师领袖决定的跟进。虽然为教师提供更多机会对其发挥影响力有一定促进作用，但要想让教师成为真正的有意义的决策贡献者，还有很多工作要做。校领导在校内着手准备重组工作，让那些最亲密的人参与实际工作——教师——制定决策。

这种方法使教师领袖的角色更加明确，其决策更加贴近学生的要求。我们相信从长远角度来看，学生的学习成绩一定会得到提高。

难能可贵的是，以教学领袖为主的正式职务的增多就是对教师领导力逐步获得认可的证明。虽然我们对教师领导潜力的认可给予称颂，但我们担心的是，这些教师会在对他们的领袖角色抱有敌意的学校文化里，在毫无准备与支持的情况下被要求承担这些工作。校领导、学区主管人员及其他教师可以采用一些特殊的策略方法，为教师领袖处理棘手问题提供更可靠的途径。

6. 应用挑战

（1）教师

① 从各方面反思，教师对学校哪些方面产生了影响。思考他们的工作如何对“整体教学水平”（whole school level）产生影响，比如在学校改革小组里工作；如何对“专业发展水平”（professional development level）产生了影响，比如到其他教师的班级里上示范课；或者，如何对“教学水平”（instructional level）产生了影响。与他人分享自己在倡导教师领导力方面与对学生学习成绩的潜在影响力方面的发现。

② 思考与学生有关的迫切需要解决的问题。你最关心的问题是什么，学生最大的学习障碍是什么？答案可能有营养过剩和儿童期肥胖、孩子无家可归、为了照顾兄弟姐妹而不得不打工的初中生，或者吸毒和酗酒行为。思考如何通过与本校的教师领袖共同合作，运用影响力技巧对这些问题产生影响。

（2）校长与副校长

① 在团队、部门或教职员工会议上，用心观察教师的意见如何得到有效倾听。检验教师影响力有效提升的方法，如何鼓励教师为解决问题与决策做出有效贡献。

② 运用教师的专业知识是每个班级保证教学质量、提高教与学水平的核心。

在教师中间开展问卷调查，确定教师认为自己以及同事的特定专业知识领域。利用这些调查结果制订计划，让教师参与示范教学、分享最佳教学实践，或者确定新教师辅导员。

（3）教务管理人员与学区工作人员

① 鉴于人们普遍认同员工的参与程度越高，员工的使命感就越强、组织机构内的决策就越有效的观点，如何充分调动教师领袖参与影响有关教与学的方针和实践？寻找其他方式推动教师领袖的专业知识在学区的发挥运用。

② 教师领袖对学区的独特贡献，你如何给予认可并奖励？为教师提供领导的机会，鼓励教师辅助学区招聘、师资保留以及奖励优秀教师。

（4）大学与高等学院教授

① 评估职前教师是否准备好与自己意见相左的人进行有效互动与沟通。鉴于你的学生在未来会面临各种问题，你如何针对这一领域在课程与教学计划里有所侧重？

② 近几年的一些文献资料将教师调研吹捧为一种新式的教师领导，称其拥有影响学校整体改革工作的潜力。作为一名教职人员，对职前教师在了解与执行调研时所采用的方法进行反思。深入思考，如何利用这些调研成果影响自己的课堂实践。

第七章　教师领导力的形成与挑战

这意味着我不再“仅仅是一名教师”。我惊喜地发现，如果我愿意接受挑战，就能够成为一名教师领袖，并且有机会为教育事业做贡献。这需要我及时掌握信息，保持坦诚与谦虚的态度，善解人意、懂得让步，为了自己的事业永远不忽略我的学生。

苏珊•格雷厄姆（Susan Graham），家政学教师领袖

与教师领袖20多年的共事合作令我们备受鼓舞，他们正逐渐突破传统的课堂任务，成为无可厚非的贡献者。教师领袖不顾诸多困难，承担着比偶尔参与学校改革工作复杂得多的领袖角色也同样激励着我们。

在意识到这些优秀教师的挖掘价值后，为了利用这些资源，很多学校开始制定方针、设计专业发展以及为教师领袖提供支持。拥有着领导与影响力方面更多的机会，教师自身面临着大量可预见的独特的挑战。

1. 教师领导力的发展变化

教师领袖角色已经从诸如学科主任这种高度个性化的角色，演变成教学领袖角色，在这个角色当中，教师领袖尝试让所有教师参与教与学的改

进工作。在20世纪80年代，教师领袖被教师赋予的表现形式是学科主任和团队领导职务，并有望具备专科领域和年级水平的专业知识。到了20世纪90年代初，教学改革的重点转向以共享决策的方式实行全校整体改革。教师开始参与学校管理。在此后的十年间，在要求标准化改革的同时，鼓励学校建立专业学习社群。少数几个学校出现了能够切实建立学习社群的集体教师领导。目前，在问责制的压力下，校本领导力产生了大量的教师领袖角色。表7.1描述了教师领袖角色的发展演变。

我们相信，所有的教师都可以根据自己的经验、自信心水平、技能与知识，选择适合自己的领袖角色。

表 7.1　1980年至今教师领导力的发展变化

20世纪80年代	学科主任/团队领导	专科/年级专业知识
20世纪90年代初至中期	管理式领导	学校整体改革 决策共享
20世纪90年代中期至后期	集体教师领导	标准化改革 专业学习社群
21世纪	校本教学领导力	问责制

教师领袖角色可以是正式的，也可以是非正式的，可以是短期任务，也可以是一项长期工作。众多的教师领袖角色没有对所有教师领袖角色进行具体描述。这些在校内或学区环境下形成的角色决定了教师领袖的功能与承担的职责，其目的就是在教师领袖与职责之间寻找最佳“契合点”（fit）。随着学校及办学机构对教师领导力价值的认识，职务与职责的形式会逐渐多样化，提高学生学习成绩的问题就可以得到解决。另外，由于

教师已深刻理解了教师领导力的概念，认识到了教师领导力的影响，不情愿承担领导工作的教师会有所减少。

2. 教师领导力的多种表现形式

非正式的教师领导力遍布整个学校。非正式教师领袖的角色形式多样，通常视教师的兴趣以及某个学校的需求情况而定。这些教师领袖通过“认真、周到、微小与脚踏实地的努力，默默无闻的工作”产生积极的影响。在理想的教学环境下，所有教师在专业学习者的社群里承担不同层次的领导工作。但在现实的教育世界里，有效的学校管理者没有依赖志愿精神，而是邀请很多教师既接受非正式角色，也接受正式角色。学校与学区的环境决定了参与教师领导工作的类型与水平。

正式角色的教师领袖包括教学辅导员、指导教师、导师、职业培训员、数据分析员以及其他，他们

或专注课堂、学校，或者学区。

或有某种擅长，或被认为是多面手。

或是个人贡献者，或者参与小组或团队互动。

或承担极其正规的角色，或仅仅是一次性的贡献者。

或许通过同侪的选举，或通过管理层任命，也有可能是自我推荐。

教师领袖角色似乎分为四个领导力功能。首先，教师领袖在校内或校外发挥管理作用。其次，一名教师领袖会借助领导力为学生活动提供支持。第三，一名教师领袖会在校内或校外的运作任务中发挥职能作用。最后，教师领袖会承担教学领导的责任。很多教师领袖跨职能接受多重任务。

（1）管理机构领导工作

教师通过加入学校改革小组、学校咨询委员会或指导委员会参与制定学校决策。教师还通过与家长、企业、正规与非正规组织机构的社员合作担任领导工作。教育基金会、家长—教师组织和社区行动小组都是教师与校外利益相关者合作的组织形式。主持委员会在类似教材选择、学校学区的重新规划，或教师评估的工作等问题上做决定，这是教师对方针与实践同时产生影响的教师领袖职能的另一个例子。在校内，教师领袖充当教员主席、家长—教师组织员工作，或竞聘其他管理机构里的职务。

（2）学生活动的领导工作

以学生为导向的领袖角色可能让教师参与延伸至必修课程之外的合作型学术项目，比如奥德赛智力竞赛。教师会被要求按照学生的学业需求，参与构思并实施教学计划，比如，教学辅导方案，让退休教师或商务人士参与帮助学困生，或者由高年级学生为低年级学生做课后补习。根据我们的经验，教师通常会认识到学生的其他需求并为达到这些需求制定策略，比如健身俱乐部关注学生的健康问题，又或者音乐、舞蹈、剧团让学生通过艺术学会表达自我。

（3）运营工作领导力

运营工作确保学校有组织的完成目标。教师领袖担任正规的职务，比如科系或年级主任、团队领导、教师委员会或员工职业发展负责人。

其他领导工作可包括教师作为行动研究者与当地的大学开展合作。有些教师在专业的组织机构里担任更加正规的领导工作。在工作小组、董事会及委员会任职的教师在州或学区的课程设计与评估方面有话语权，或者帮助当地高等院校开展教师教育项目的课程改革工作。其他职务还包括教师领袖作为外聘的作家、项目经理或技能专家。向学校提出委派申请，让教师领袖积极参与学校的流程准备工作，或者加入参观其他学校的访问小组。

（4）教学领导力

教师在课堂担任学生工作的领袖角色，比如引导者、辅导员、反馈者以及指导教师。课堂外，教师领袖担任导师、辅导员、教师培训师、课程专家，或甘愿作为倾听者。教师领袖可为初任教师、不同专业领域的教师或有教学经验的新同事解燃眉之急。教师领袖可为其他教师提供辅导，对他的教学实践进行观摩。他们还可以通过学生工作创新来实现领导，比如学生主导会议或提供持续指导。教师带领师范专业的大学生学习小组或邀请同事对他们的课程进行观摩。教师领导力的其他例子还包括与其他教师交换意见，与各学科工作团队设计最佳方案，帮助每个学生取得好成绩。想要获得全美专业教学标准委员会（NBPTS）认证的教师，教师领袖还可以为他们担任辅导员。

在教学领袖角色里，三种类型的职务发生了变化。第一种类型发展为解决学校急需问题，比如，为未认证教师第二职业的入职工作协调辅导方案。M.唐纳森等人将从事这些职务的个体描述为“非改革型”教师领袖。这些教师领袖可能会从事学校改革某一领域的工作，但他们不承担改变教师教学实践的责任。一般认为扮演这种角色的教师领袖在学校里对其他教师不会构成威胁。

教师领袖职务的第二种类型是关注教与学的实践行为，对教师领袖在提高学生成绩方面与其他教师的共同合作提出挑战。

M.唐纳森等人将这些职务定义为“改革角色”。教师领袖的改革角色在处理学生成绩明显差异方面显得日益重要，尤其是那些阅读、写作与数学测试领域。这些职务得以扩展的动力不是为了给教师提供更多的职业选择，而是从整体利益的角度，尤其是从标准化测试方面，解决因提高学生成绩所带来的压力。担任教师素养指导、专业发展与课程协调工作的教师领袖很少被归入这一类。这些教师领袖走出课堂，为正在努力奋斗或被认为需要提高教学质量的其他教师提供支持。对教师领袖给予的期望是与其他教师密切合作解决教学实践问题。他们可以服务于一所学校，也可以与几所学校合作，但他们的角色与职责由某个学校或办学机构的领导决定。

最后，教学领导力的第三种类型会在教师在专业学习社群里团结协作时展现。教师领袖既不离开课堂，也不继续带班授课，而是与教师协作汲取授课经验来提高教学质量。这种教师领导力以解决教学过程中出现的问题、学生生活或其他领域的问题为主。临时角色的这种领导力按照教师的兴趣、师资分配的变化，或其他情有可原的因素轮流担任。如果学校属于支持型、合作型文化，那么这种领导力将会是改革最有力的力量。

最吸引人的地方是在专业学习社群内专门倡导教师领导力。如果每所学校教师都拥有健康的工作环境、优秀的教师队伍以及资源支持，那么这是教师领导力最合理的方法。而在现实世界里，学校却是从理想的学校文化，沿着不健全的工作环境持续运作着，有能力、诚信和亲和力的教师不多。校领导负责确保所有学生教育质量，必须就学校需要何种类型的教师领导力做出决定。这一决定要考虑环境因素，视工作条件、教学质量以及学生学习成绩而定。

由于学校有独特性，因此必须采用差异化的领导方法。教师领袖虽然能够积极主动，但对自己领导生涯中的种种挑战，必须要面对现实。

我们明确了这些挑战，同时对教师领袖与其他教师能够采取的行动提出建议，从而确保他们的领导力一定会发挥作用。

3. 教师领袖的挑战

从安稳的课堂转向与管理层、教师及其他人合作，无论如何都是有风险的。已经获得提升以及准备接受这些角色的教师领袖，在同意承担这些角色之前应该意识到这项工作的复杂性。虽然这些挑战对所有类型的教师领导力来说可能很普遍，但对教学领袖的角色来说尤为严酷。教师如何解决问题视各自的具体角色与职责而定。在本节，我们探究了四种挑战：

决定接受领袖角色

构建校长—教师领袖的关系

同侪合作

促进自我与他人的专业学习

(1) 决定接受领袖角色

尽管教师会因能够进入领袖角色而受到吸引，但在申请一项职务或同意承担这些职责之前还有一些问题有待考虑。影响做决定的因素是教师领袖未来工作的环境里的人际关系。潜在的教师领袖需要对四个方面进行评估，即行政支持、教学文化、专业学习经历和个人平衡。

首先，了解学区与校领导履行领导力共享的程度很重要。如果校长对权力与权威的共享持开放态度，那么教师领袖推进自己的领导计划就比较容易。另一方面，如果校长提倡为教师领袖角色提供支持，而后对其进行了破坏，或者不与教师领袖合作，那么困难显而易见。在其他情况下，校长可能会持支持态度，但不支持教师领袖的中央机构的领导可能不够灵活，在获取资源时设置种种障碍。

在这些情况下，教师领袖将面临诸多挑战。

对教师领袖来说，或许最重要的是如何与其他教师合作，这些教师会视教师领袖角色具有威胁性，或者至少没什么意义。分享权力的程度，按照教师领袖学校问卷调查（TLSS）的测评（参照资料 B），应得到充分的考虑，包括对诸如以下一些问题进行反思：教师是否讨论教学方法并共享资源？又或者，本校的教师是否互相观察彼此的学生工作？在很多学校文化里，教师领袖面临着无法逾越的障碍，无论教师领袖多么有能力、多么勤奋，或是多么有毅力。这种学校文化使得教师领袖筋疲力尽并通常会让他们相信，他们需要待在安稳的课堂里。花时间对教学文化评估很重要，即使教师领袖将要在目前所执教的学校里开展领袖工作。

其次，检验一所学校以及办学机构的专业学习经历很重要。教师领袖关乎职业成长，因此了解一所学校是否承担义务不断开展专业学习，或运用TLSS评定教师的培养重点至关重要。这种义务不是根据参加培训、会议或其他不定期活动的教师的数量来决定，学校是否承担专业发展义务的衡量依据是，评估学生学习的需求程度以及为了满足这些需求，在教师需要了解的知识与采取行动的基础上进行的专业发展规划。学校行政与教师领袖是否声称要在专业学习社群里工作，但最后在没有时间、组织或资源提供合作的环境里工作？在没有任何支持的情况下，推动专业学习对教师领袖来说会很困难。

最后，教师应该考虑个人需求。承担教师领袖工作充满了吸引力，或许能达到自我满足，但如果导致生活失衡，那么随之而来将会是失望与理想的破灭。反思承担教师领袖角色的利与弊，从长远来看，省时省力。虽然我们鼓励教师像领袖一样敢于奉献，但我们深知，这种参与程度不能针对所有教师。还有，在教师职业生涯中，根据工作环境以及外部责任与义务对个人生活的影响程度，几进几出领袖角色的做法是明智的。表7.2对这些因素进行了汇总。

表 7.2　影响教师领袖成功的因素

组织机构为教师领导力承担的义务	教学文化
● 校长是否理解教师领袖的价值并提供支持? ● 我是否有精力与时间执行领袖角色? ● 我拥有的运用人力与财力的权限如何? ● 是否存在非正规教师领导力的证据? ● 教师如何与学校现有的教师领袖互动? ● 教师是否受到鼓励切实参加并参与重大决定?	● 教师是否愿意与我合作? ● 教师是否巩固自己的教学实践,或是不断追求专业学习? ● 与教师之间的人际关系如何? ● 在相同专业领域授课的教师,或拥有不同教学经验水平的教师之间如何互动? ● 学校的社交网络是否健康或正常? ● 教师是否获得用于合作的时间分配?他们是否期望在教学问题上开展合作?

续表

专业学习	个人平衡
● 教师是否习惯被观课，或者观摩其他教师授课？ ● 教师是否为改进教与学而彼此协作？ ● 学校有哪些改革措施与专业学习的经历？ ● 是否有切实有效的专业学习社群？专业学习是否得到重视？	● 我是否具备有效授课/年级水平任教的知识与技能？ ● 我是否有与其他教师合作的经历？ ● 过去是否有教师在教学实践方面向我寻求过帮助？ ● 承担教师领袖的角色，我是否获得家人与朋友的鼎力支持？ ● 我有可能忽略的个人义务有哪些？

教师领袖在考虑进入领袖角色时要明智，尤其是在一个不健康的学校文化里工作时。认真评估要承担领袖角色的工作环境有助于有前途的教师领袖了解，担任领导工作是否是个正确的决定。方法就是运用TLSS（参照资料B）对学校显而易见的教师领导力的支持量表进行评估。一旦做了决定，第一步就要与校长和学校其他关键领导人构建积极的关系。

（2）构建校长—教师领袖关系

校长与教师领袖之间的关系对教师领袖来说至关重要。如果校长重视教师领袖并善于为教师的领导力提供支持，那么有意义的工作就会进行得很顺畅。然而通常，校长没有意识到他们对教师领袖的责任。随着学校外部与内部对校长的种种需求，他们可能还不了解教师领导力如何能够推动自己的工作，如何改善教与学。学区会给教师领袖，比如素养教练拨款，但却没意识到，校长因误解教师领袖职务目的而产生对新职务的愤恨，或不善于与教师领袖合作，对此应做好充分准备。教师领袖有责任与校长建立关系，为双方在教师领袖的角色与工作范畴问题上达成一致而展开讨论。

“权力”（power）这个词，因与专制的领导模式有关而经常为教师领袖所排斥。然而，当领导运用资源或权力时，领导力是最合适的表述，他们需要对他人的生活产生有益的影响。校长与教师都拥有权力，校长拥有职务的权力，并应该对学校制度的预期做出反应。与此同时，教师领袖会通过他们与学校社群的教师和他人的关系拥有个人权力。认识到了每个人都能从帮助对方取得成功的过程中受益，显而易见，如果校长与教师领袖共同协作，也能彼此受益。为了有效合作，校长与教师领袖必须分享权力或资源。

如果双方没有明确就校长与教师领袖如何合作达成共识，就会产生很多误会。善意的校长会允许教师领袖在无须商讨角色与职责的情况下自主工作。面临着解决学校问题的巨大压力，校长有时会要求教师领袖从学生与教师工作中抽身，担任管理职务。在忙碌的学校工作环境里，时间就在校长与教师对行动计划与预期结果毫无交流中飞逝而过。在教师领袖工作之初，他们的一些做法与决定通常让校长觉得不是教师应有的职责。最终，教师领袖被夹在校长与其他教职员工之间左右为难，因而，他们无法获取资源，因为教职员工对教师领袖的角色一无所知。所有这些挑战可导致浪费时间、挫败感以及校长—教师领袖关系的破坏。

应对这一挑战的一个实用性的方法是商讨校长—教师领袖的工作关系。运用FLEX倾听技巧（参照第六章）与ADS模式（参照第四章）进行沟通是获得商讨成果的基础。在交流之前，教师领袖最好列出哪些方面需要达成一致。另外，教师领袖可以要求校长准备一份类似的列表。以下所列是有可能商讨的内容。一名非正式的教师领袖不会有兴趣讨论过多问题，但专职教学教师领袖会考虑以下与自己工作有关的所有方面：

- 确定教师领袖的角色与职责范畴。
- 确定校长与教师见面分享信息、衡量进度以及制订行动计划的具体日期与时间。
- 确定教师领袖在预计时间进度内将要承担的责任。
- 为校长如何让其他教师、教职员工及家长知晓教师领袖的职责设计方案。
- 获得许可并说明如何在校内外获取人力与财力。
- 想办法与外部受众合作，比如总部人事、社区领导与家长。

在一次会议上商讨以上所有问题可能会太多。然而第一次会议应该是校长与教师领袖共同分享各自问题的时候，并且就何时与如何达到协议做出决定。虽然对重大问题的关注会耗费时间，但最终会建立起积极的校长—教师领袖的关系。教师领袖根据学校文化，必须决定如何将这种关系与他们跟同侪的关系保持平衡。

（3）同侪合作

在现有教学文化结构里，应有充分的理由对教师领袖与其他教师的人际关系进行关注。多数教师都了解或经历过因逾越任课教师标准和遇到来自同事，甚至是朋友的阻力所带来的伤害。其根源可能来自竞争意识、同侪间嫉妒，或阅历不足而单纯地认为教师可以互相学习。

多数教师领袖认为同侪间的人际关系是最大的挑战。教育职业是被设定为简单公平的职业，每个教师在其中有望平等，但有资历的老教师则除外。对教师领袖来说，逾越了这个标准是投机取巧的行为，因为这违反了平等的准则，同时意味着教师领袖比学校里的其他教师更专业。教师领袖被夹在学校行政与同侪之间左右为难。而且教师领袖看起来经常与校长接近，这是多数教师所梦寐以求的。

与校内其他人的关系问题是教师领袖获得成功的另一个障碍。当被问到障碍的定义时，一位教师告诉我们，“我认为障碍就是我自己。”最近一项调查研究结果与这位教师的观点不谋而合。有证据表明，教师本身是第二拨改革工作中的障碍：“教师受社会对学生工作规范的羁绊，他们自身会对工作再设计产生排斥。”我们相信，存在于很多学校的孤立与规范是应该接受挑战的时候了。教师不断与同侪对他们领导行为的反应做斗争。对那些希望与同事维持积极的关系的教师来说，担心自己的意见受到反对与批评是需要面临的实际问题。教师在最近的一项调查研究当中表示，他们感觉其他教师“愤恨他们，愤恨他们的成绩和想法”。难怪在我们与全国的教师合作过程中，某些教师总是不愿意称自己为领袖。

无论是对诸如素养教练的“改革型教师领袖”， 还是诸如学科主任的“非改革型教师领袖”的调查研究里，M.唐纳森等人发现，对平等的期望、“资历教师”以及“自主权”的威胁会给改革型教师领袖与同侪合作带来不少困难。实际上，教师对已确定的教师领袖表示反感，对与他们合作怀有抵触情绪。而另一方面，“非改革型教师领袖”却没有来自同侪的抵触情绪。造成其差别的原因在于，改革型教师试图涉足同侪的教学领域，而这在过去一直是不可触及。

教师珍惜自己的自主权，很可能对自己的教学实践感到满意，因而不愿意接受来自他人，尤其是另外一个教师的反馈。另外，教师对给予教师领袖的认可和奖励，比如休假时间也会心怀不满。非正式的教师领袖遭遇的反感程度可能不相同，但他们必须学会如何与他人合作，以便能够在课堂以外的实践活动中产生影响。

教师领袖的角色还相对较新，而这些没有什么机会学习领导技巧的教师只得依靠自己设计生存的策略。遗憾的是，有些教师领袖就是运用这样的策略轻视自己的职务，甚至否认自己的权威影响。有些教师不接受教师领袖提供的建议与帮助。在与教师领袖共事期间我们发现，当我们分享这些策略方法时，他们不愿意承认采纳了这些方法。比如，教师领袖

- 为希望拥有更多教学资源的教师提供资源。
- 承担与其他教师相同的工作，比如，坐公交车上班，在教学日以外的时间工作履行教师领袖职责。
- 告诉教师自己只是协调者，没有任何权力。
- 将自己与管理层区分开来，即使与他们有良好的关系。
- 当教师观课时，只向他们提供积极的反馈。

虽然我们不能责怪教师领袖是通过这些技巧赢得了其他教师的赞同，但他们确实无法影响整个学校的教与学，因为他们只能与有意愿的教师合作。曼金发现，教师不总是抵制与教师领袖的合作，这时教师领袖在课堂环境内，协助工作“不具威胁性、省时、提供新信息、协调复杂的教学工作……辅以类似课堂辅助与示范课等教学支持”。教师执行教学领导力的目标是让其他教师参与专业学习。为了实现这一目标，教师领袖必须与他们的任课教师进行有效接触。虽然合作、对话及其他形式的课下交谈很重

要，但为了更加行之有效，必须在教师与学生之间进行。

（4）促进自我与他人的专业学习

在我们与教师领袖交流过程中，几乎每次交流都涉及对专业学习的探讨，无论是关于他们自己还是其他教师。教师领袖愿意学习，实际上，我们可以说，他们热爱学习。另外一点，能力强的教师通常在与其他教师分享知识中获得满足。面临的挑战是设计、促进与提高专业学习的质量，教师领袖需要利用这些知识来有效领导。最近有一位教师领袖对我们说："我不知道为专业发展这一庞大的教学方案做什么样的准备。"

改革需要保证为教师领袖提供长期专业发展的机会。教师领袖的专业发展机会应当是连续的。初入职场的教师会希望专注发展领导学生的能力，随之而来的是取得同事的信任。在适当时候，教师领袖可着手准备向同侪提供援助并从事全校领导工作。为了达到这种水平，专业发展的改革需要确保教师参与自己的专业成长，利用工作嵌入法确保学习与实践相结合。专业的阅读、辅导、学习小组、网络以及为学校管理层下达的任务负责，是克服学习与课堂实践相脱离其中的少数几个策略方法。学校针对专业学习社群的活动有更为广阔的前景，所有教师的学习与专业化得到了提升，加上团结合作的环境，有助于学生的教育方法与我们取得的成绩发生显著变化。

专业发展，如教师领导力，已经随着学校改革发生了变化。图7.1对这两种并行的发展进行了描述。封闭式培训班是20世纪70年代用于培训教师使用防范教师课程的场所。参加培训的教师不需要理解新课程如何融入现有教学实践，而是由培训师提供一套课程方案，以期望教学方法不发生任何改变。教师返回课堂，用他们认为最有效的方法进行授课。没有人重视教师所关心的新课程问题，所以教师继续以他们认为最有益于学生的方式教学。

图 7.1　学校改革与专业发展的平行演化

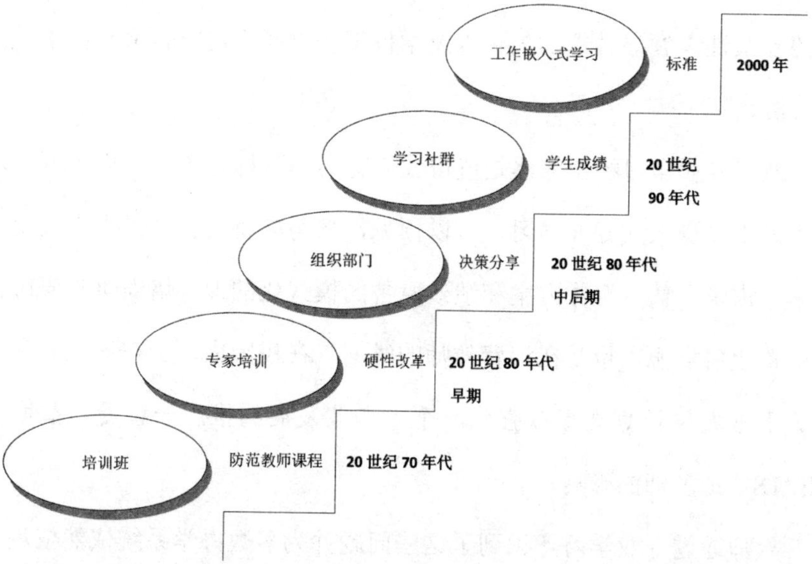

在20世纪80年代，决策者由于对学校改革的进程缺乏耐心，强调选择阅读、写作与数学作为最基本的技能考核来监督硬性改革。很少有在课堂授课的外部培训师向教师传递的信息是，他们需要“定位”并能够为学生创造足够的学习氛围。教师很少看到与他们工作有关的策略方法。

当硬性方针没有使学生的成绩获得充分的提高时，改革运动开始聚焦管理问题。随着学校管理结构的改变，教师被迫承担互相合作这一艰巨的任务。设计组织发展干预与专业发展形式的目的是对这些合作关系的状态进行分析，对团队合作流程与策略提出建议。在某些情况下，依赖某一外部咨询专家对学校进行援助与定位会导致专业发展缺陷，并且无法激励校内所有教师参与实质性的改革工作。

如果学校的外部人员不能对改革产生影响，那么改革的焦点就应该投向校内的教育工作者。20世纪90年代末，专业学习社群被追捧为教师与其他教职员工参与合作学习与提高学生学习成绩的机构组织。环境因素的复杂性、领导技能的欠缺以及学校工作时间不足限制了专业学习社群的发展。

然而专业学习社群依然是值得我们努力的目标，今天我们了解到，如果不是工作嵌入式专业学习，可以预见，教与学将不会发生太大改变。没有学生需求评估、合作方案和绩效监督的模式化的课外培训班与研讨会是在浪费宝贵资源，也是在浪费教师的时间。在校园内，工作嵌入式学习因个人专业发展计划而得以强化。个人专业发展的推广一直受日益增多的NBPTS认证教师的影响。

教师通过专业学习意识到了这些问题并为多数办学系统依然依赖无条理的培训班而深感痛惜。怪不得教师不愿意参与专业发展，他们怀疑自己能否从占用了反复经历的课堂，或个人生活的时间中受益。希望在学校有所作为的教师领袖首先要做的是，认识到专业学习质量的需求和现实与理想之间的差距。

对热衷于自我专业学习的教师来说，在专业学习领域进行探究是积极有益的，他们能够对学校与学区的教学实践产生影响。朝这个方向努力的方法如下：

- 加入以专业学习为主的专业组织机构，比如全美教职员工发展委员会（www.nsdc.org）。阅读委员会出版发行的刊物、访问网站、参加全国和州会议。

- 寻找一名对专业学习有深入了解、有能力、有诚信并且有亲和力的教师领袖。追随他并向他学习，或邀请他做你的辅导员。

- 阅读有关成人学习、专业发展以及学校改革的书籍和刊物（参照资料D）。

- 从有能力的专业培养辅导员那里获得专业学习在设计、促进与跟进方面的帮助。

- 将专业学习计划与教学改革计划相结合。

我们相信，教师领袖是领导者与学习者社群不可或缺的组成部分。为了对校园内的教与学产生影响，教师领袖与其他教师携手合作，不断学习。

4. 总结

虽然所有教师都面临着挑战，但教师领袖，尤其是教学领袖面临的障碍在当下学校文化里具有独特性。正式的领导角色取决于校长，如果教师领袖与他们建立了良好的工作关系，那么工作的有效性就会更高。单调的教学工作期望对每一位教师一视同仁，而不考虑教师的能力如何，教师领袖的定义是对这种观念的一种挑战。教师领袖必须采取行动应对这些挑战。等待诸如校长或学区领导等其他人来解决这些问题是徒劳的。教师领袖可以积极主动采取措施在学校有一番作为。

我们正处在教师领导力新时代的起点。本章所阐述的障碍被认为是一种新的领导力表现形式。虽然这些问题会一直存在，但随着未来教师领导力的发展，教师切实参与领导的价值会获得更多的认可。

5. 应用挑战

（1）教师

① 在阅读了本章有关教师领袖的挑战之后，明确作为教师，在参与领导行为时面临哪些挑战。他们是否相同，或是存在区别？通过面对面或电子网络的方式向其他教师领袖寻求支持与解决问题的协助。

② 探究教师领导工作在你方学校的可能性与承诺情况。对应“学校教师领导力问卷调查”（参照资料B），对你方学校进行评估。

与校内的其他教师探讨你的观点。明确你方学校在支持教师领导力方面的优势与有待发展的领域。

（2）校长与副校长

① 学校行政的行为既能够为教师领袖的工作提供支持，也能够造成阻碍。明确自己如何聚集支持力量，比如，通过为教师领袖提供有效的领导力培训，或找时间与教师领袖召开例会。同样的，确定克服阻碍教师领袖工作的困难与障碍的方法，包括认真思考如何向全体教职员工传递教师领袖的角色，或如何让教师参与领袖角色的选拔工作。

② 学校的组织架构会对教师领袖在教与学领域的成绩产生影响。主动与教师领袖交流组织架构问题，比如职务描述，教师队伍与年级安排协同

备课的时间、教室学生分组、会议与合作的场所。

（3）教务管理人员与学区工作人员

① 随着正式的“改革型”教师领袖角色的引入，思考如何在执行学区指令、优先级以及应对学校层面的需求之间，平衡这些教师领袖的工作期望。作为学区工作人员，思考如何在尽力确保问责制的同时，适当维护教师领袖的自主权。

② 承担教学领袖角色的教师需要具备各种技能，人们对该职务的期望在问责制时代普遍提高。你方学区将如何最有效地为这些教师选择、培养、分配并提供长期的支持。哪些教师领袖能够在学校对教学实践产生影响，你方学区将如何对其范畴进行评估？

（4）大学及高等院校教授

① 大学课程为教师准备适用于自己课堂的专业领域、学科知识。由于教师在未来将承担更多的领袖角色，并且尝试影响不局限于自己课堂的教学工作，教师培养课程是否有额外需求以使他们在校本的基础上促进教学改革。

② 有必要对新兴的教师领袖角色的发展与实施进行实质性的研究。有必要对依靠学校改革、教学实践、最后将教师领导力与学生成绩挂钩的教学教师领袖角色的影响问题进行探索。高等教育如何在这个问题上为学校与学区提供协助？

第八章　为教师领导力创建未来

学区发现自己正遭遇意想不到的挑战，当中面临的困境是，不仅要学习如何把教师作为领导团队的一部分进行教学改革，还要至少对如何与“教师领袖”相处有一定程度的确切了解，尤其是能否有资金为这些职位提供持续的支持。

安德鲁·戴维斯（Andrew Davis），英文教师领袖

教师领袖需要长时间工作，面临同侪关系带来的挑战，努力平衡事业与个人生活。面对这些要求，我们希望这些有才华的教育工作者能够对自己的未来提出种种疑问。很多教师说，如果他们知道他们的工作环境正在努力得到改善，他们就会坚持不懈。教师领导力的未来充满了希望，它有可能让教师在校园内，或规模更大的教育社群里成为真正的领袖。虽然很多想法还处在创新的萌芽阶段，但他们正通过专业著作、方针研讨和试点计划得以推广，从而核实如何为教师领导力提供支持。

教师领导力的概念不再为多数教育工作者所陌生。教学改革措施，有关读写能力与问责制的需求已经对学校与学区如何看待自己的资源，尤其是优秀教师产生了影响。人们对教师领导力的兴趣得到提高的另一贡献因素是，大量获得全美专业教学标准委员会（NBPTS）认证的教师主动言传

身教，他们审视自己的专业并自愿帮助教师参与改进。

在20世纪90年代初，我们编写本书第一版的时候，很少有人了解教师领导力的概念。当我们要求他们为学校教师领袖下定义时，校长与其他正式的校领导会犹豫不决。教师对我们提出的有关他们“领导力”的问题更是显得谨慎。实际上，本书的标题——《发掘内在潜力》（*Awakening the Sleeping Giant*）——是受到一位我们认为的极有天赋的教师领袖的启发。当我们询问有关她领导力的情况时，她说：“哦不！我不是什么领导。教师工会的人才是领导，而我不是。”这位教师与学校的教务管理人员一起刚参加完一项会议，在会上，她已经说服这位管理人员批准她在全学区成立学习小组。如果这不算是领导力，那是什么呢？

最近一些研究资料的评述指出，仅仅在20年前，我们的教育界才对这种领导的形式给予认可，然而今天依然有少数实证研究在对教师的领导力进行着验证。有关学校领导力方面的文献资料历经了数十年，但多数都是以校长为核心。如果我们要更详细地了解教师领导力，我们就必须从学校、教学体系以及高等院校着手，努力挣脱束缚并为教师领袖提供职场所需的支持。有必要进一步探究，发现教师在课上与课下发挥领导力，影响他人改进教学实践，作为学习者与领导者与同侪参与社群活动，承担领导责任的真正益处。可将调研获得的深刻见解传达给校领导和职前教师，这将有助于核心目标——提高学生学习成绩的实现。

好消息是大量的学校与教学机构正在研究并倡导教师领导力，它是新兴的改善教与学的可靠资源。而具有挑战性的是充分利用这些资源还需要投入大量的工作。尽管教师领导力正在获得广泛认可，但仍有很多学校和学区不了解，迟迟不肯推广，或者不执行。虽然将教师领导力作为教学规范的学校倍增，但我们还没有达到获得整个教育行业认可的程度。为什么教师领导力不能在全国的各所学校繁荣发展？如何使教师领导力成为一种公认的资源？为给教师领导力创造条件，在规范、组织架构、方针政策与实践行动以及资源利用方面需要进行哪些改革？

根据我们与教师领袖的交流以及其他部门教师领袖的经历发现，这其中存在一些反复出现的核心问题。某些约束是来自教师领袖自身，另外一些则融入到他们的工作环境中。在本章，我们首先通过思考如何充分利用教师领导力来对其未来的发展状况进行预测。之后我们探讨必须解决的三个问题——职场机遇、工作环境、薪酬——从而充分发挥教师领导力的潜力。在前面几章，我们向各利益相关者提出了应用挑战，但在本章，我们关注教师领袖如何学习宣传技巧，积极主动地为教师领导力开创有远大前景的未来。或许没有哪个团队能够比高素质、受人尊敬的教师对社群与公众产生更有效的影响。他们是每天面临挑战、受公众舆论与决策影响的人。

1.未来的教师领导力

新一代教师、保留教师以及大幅提升所有学生学习成绩的需求，这些都为影响教师领导力的未来助力。10年或20年后的教师领导力会是什么样？如果沉睡的巨人，即未被发掘的教师领导力资源服务于学校，那么循序渐进的教学改革一定会加速发展。微小的变动将远远不够，彻底的革新才是需求。

八年多以前，教育领导力研究院对该问题的概括如下：发掘领导力潜在的丰富资源，对正在被挥霍的资源、经验、想法和领导全国教师的能力进行改革，这一切对教育方针决策者来说还不算太迟。

虽然相比于过去，教师领导力的资源或许得到越来越多的教育工作者和决策者的认可，但还需要采取更有效的改革以防造成未来的人才浪费。下面我们来阐述教师领导力的未来。

与公立学校少有的现象不同的是，教师领导力将成为组织机构的期望。学校里教师领袖的角色在未来将是积极的、富有挑战性的。教师将接受赋权作为他们应有的权力，而不是因假装参与决策而回避领导力。教师与其他利益相关者将拥有彼此愉快的人际关系，为提升整体教学工作这个共同的目标而通力合作。曾受其他同事鄙视的新教师领袖将不再以选拔的方式产生，而是所有教师都会受到邀请参与领袖社群，根据自己的能力、兴趣和个人情况与教师一起担任新的角色。

教师不会在没有教学机构支持的情况下承担领袖角色，包括薪酬。把自己的角色当作服务于学校与教师的学区领导，将教师当作真正的合作伙伴切实参与决策。校长与其他教师参与专业学习推动领导力，教师领袖将成为共同学习者，因为学校创造可持续性成果最重要的特征是，校长、教师及其他利益相关者“相互学习、相互领导，共同参与”发展自己的领导力。教师领袖将获得时间与资源辅导未来新的教师领袖，努力为整个教育系统培养领导力。NBPTS认证教师与其他有才华的教师将获得认可与鼓励担任领袖角色。各州，与教学机构一起，将为教师提供有预见性、持续性以及补助全面的职业阶梯。

未来的教师将有望根据自己的个人需求参与或退出领袖角色。这种灵活性会鼓励有才华的教师不受新生代教师期望的影响而长期工作。工作环境对学生学习成绩的影响将获得认可，并尽可能地运用学生的学习成绩进行评定、公开讨论并解决。随着对教师领袖各种角色的规划，教学机构与校领导将着手接受这些角色的教学文化准备工作。尤其是校长，将认可挖掘教师领导力的价值，学习如何与这些同事合作，努力构建一种接纳并奖励教师领袖的学校文化。平等的教学文化将朝着对领导力参与程度的认可的方向发展。

教师薪酬将由在多个指标和几个人测评基础上的绩效评估决定。这种综合性的绩效评估让每位教师根据自己在成长与发展方面的个别需求和兴趣，了解专业学习计划。为高素质的教师提供有竞争力的薪酬将使教师关注自己的专业，而不是为了维持生计而去承担一些附加工作。

学校将通过资源的重新分配进行重组，从而使所有教师有充足的时间制订计划与开展合作，对多数专业人士也是如此。教师领袖将依然密切关注课堂，但会有大量时间为其他教师提供辅导、教学方案建模，培养他们获得自己的专业知识与技能。校领导将有效组织有成果的会议及其他活动，为教师赢得宝贵的时间。节省时间资源——比如便利的办公设备、行政支持、视频会议与在线交流——将获得普及。

现如今在教师中间普遍反映的类似于“他们永远不会让我们那么做”的感叹，在未来的学校将转变为“他们就是我们”。教师将与决策者、家长及社群的其他人团结一心，共同提高教学改革成果。教师领袖将有望掌握宣传技巧。与反对教师面向公众不同的是，教学机构将鼓励教师为学生积极倡导宣传。

除了创建合作文化以外，还将要求教师领袖发展营销学校与资源开发方面的专业知识，以补贴各州与联邦日益缩减的教育经费。

私人化的服务，比如提供餐饮与交通工具，将要求教师领袖成为完成教学计划所需的教学材料与服务的消费者，该教学计划需要家长与学生的合作制订完成。

教师工会与协会意识到了教师领导力在影响教与学方面的巨大力量，会在未来将他们的工作范围延伸至这些领域。培养教师为领袖，在薪资、职业阶梯、工作条件以及政策与实践等专项领域提供长期支持，这些组织机构在未来还将同时致力于培养其成员的能力，对学生学习成绩产生积极影响。一些组织机构，比如全美教师联合会、全美教育协会以及独立教育工作者联合会将继续促进教师领导力事业的发展。通过把注意力与资源更多地集中在让组织成员准备在课堂上运用教学调研，通过为组织成员提供专业发展机会、通过支持教师承担学生取得成绩的重要角色，这些组织机构将与其他利益相关者共同为这个行业重新定位。

未来将成立一种全新的、专业性的组织机构以满足教师领袖的需求与利益。意识到了包括网络合作在内的价值后，教师领袖将不再受专业组织机构特定内容的局限，而是凝聚在一起对决策者、全国、州、地方校领导产生影响。频繁的交流与学习对方教学经验的机会将成为教师领袖的核心。

最后，教师将参加大学职前教师课程，了解自己不仅要学习专业知识与教学法，还要学习如何成为领袖。那些职前教师培训的负责人将在真实的校园环境里完成大部分工作。大学教授在校园内与教师领袖将共同合作，为职前教师提供最佳的教学经验。教学领袖的储备工作将着重于集中潜在教师领袖、校长与学区工作人员一起学习领导力。

大学将扮演为师范生提供机会的角色，即反思校园教学经历、利用调研与理论指导教学实践、帮助学生评估自己的学习进度。学校及高等院校如何掌握通力合作的问题将变得迎刃而解。高等院校将不会在没有与学校建立合作关系的情况下，参与教师或领导力职前培训工作。

在学校萌发的高等院校改革的种子，正由专业发展领域的教师领袖播撒向全国。

科技与远程学习功能的应用将使职前与实习教师直接与高等院校接触，而不再受传统意义校园环境的界定。先进的学习内容将涵盖认知研究、团队进程、人员激励、思辨能力、媒体与科技、领导力以及问题解决。大学生与研究生一系列的必修课程将被教师必须为领导力接受培养的预期行为、态度与经验所取代。为加强课程一体化，专业知识领域的特殊性将被淡化，关注的重点将以专业知识扎实的多面手教师为主。教师将成为终身的学习者，他们将通过不断接触在线资源扩充自己的知识，他们的学生也是如此。很多人可能会将从事教育行业作为一生几个职业的其中一个选择，大学将鼓励这些教师利用之前的工作经验为教育事业做准备。未来的校长与教师领袖的分别储备将被协同学习的模式所取代，因此两者都将理解如何在学校开展合作。

那么，我们从何处着手应对教师领导力的挑战？我们必须着眼于整个教育系统进行革命性的改变，所有对改革成果产生影响的环节与部门我们都寄予厚望。改革必须从高等院校的教师储备方式开始，拓展至今天的学校组织机构，再到对教师领袖进行职业生涯培养与支持的方法。行政管理职务将服从于经学校各方领导认可的领导职能小组。科技的发展、不断变化的人口结构与社会趋势让我们除了进行改革以外，别无选择，若不及时应对即将到来的挑战，我们将承担巨大风险。

与蓬勃开展的系统性变革一样，教师领袖可致力于解决与自己工作密切相关的问题，比如专业发展机会、工作条件及薪酬。教师领袖已经通过社交网络，比如教师领袖网络（www.teacherleaders.org），进一步促进专业发展，加强与决策者的个人联系。

2. 教师领袖关注的问题

我们与教师领袖交流时，他们通常提出三个问题：我如何在职业生涯中寻求不断挑战？我的学校如何成为更好的工作场所？为什么我的工资与普通教师一样多？

教师领导力的未来取决于对这些问题的回答。为了解决现有与未来教师领袖的需求，我们对这三个问题的关键领域进行了审视。虽然还有其他主要问题有待解决，但这三个问题似乎对多数教师领袖来说最重要。每个领域都很复杂，并且无论是教育工作者还是公众都对此持有固有的观念。

（1）拓展就业机会

学校文化规范的改革，即允许教师担任正式的领袖角色的同时，还要求与教和学保持关联，这对教学知识与技能的提升至关重要。职业阶梯、辅导计划及其他有条理的方法使教师领袖置身有影响的位置。我们始终相信，教师领导力最终应赋予每一位教师，并应该让教师既参与正式角色，也参与非正式角色。然而，所有教师期望“角色平等”，即所有教师的能力都相同，一位没有经验或没有效率的教师所做的贡献与有经验、有效率的教师相等，这是不切实际的。但我们已经了解到，在责任与薪酬上的角色区分可促进教师进入角色，帮助同侪发挥对学生学习成绩的积极影响。角色区分可能会使教师离开与学生有亲密接触的课堂，但没有这个必要。

尽管有专业选择的需求，但不愿意完全投入各种职务的教育工作者依然存在。他们的观点是教学文化发展历史的反映，是对努力把教学变成一种真正的职业的束缚。无论哪个组织，私人机构、非营利机构，甚至一个家庭，其权力的来源决定资源的归属。历史经验告诉我们，一旦学校管理层涉足，教师领袖就会退出领袖角色，返回他们享有自主权力、不受干扰或没有干扰、留有些许权力的课堂。教学质量依靠教师的专业知识、技能以及主动性。不是每一位教师都有能力，这不是什么秘密。

我们只需要对积极参与子女教育的家长进行观察，他们在安排子女进入某个教师课堂方面的要求与需求就是教师能力存在差异的最好证明。那些没有家长对孩子的教学质量提出要求的，通常在多数情况下是随机决定。

问责制的压力促使学校与办学机构重新思考教育行业的组织架构与薪资计划，作为教师扩充知识、技能与责任的报酬。很多教学机构已经建立起了正式的教学领导职务，比如素养教练或专业培训员。目前，这些教师领袖，因承担了额外的工作职责，通常会收到一份津贴。

三个不同教师领袖角色的范例表明，额外的责任可以怎样进行表述。首先“教师解决方案”报告提出专业发展的三个层次：初级、高级、精通。在意识到领导力只是职业构架的因素之一后，该组织又确定了如下几个因素：学生学习、知识与技能、市场需求以及领导力（表8.1）。

表 8.1 多重职业路径：职业薪酬框架

基本薪资范畴 根据学历、经验、绩效进行浮动		职业薪资津贴				
		学生学习	知识与技能	市场需求	领导力	基本薪资与职业津贴
初级（1～4年）	30000～45000美元	最高可浮动5% 个人影响证明	最高可浮动5% 在提高教学与评估水平的入职计划基础上，执行研究型的专业发展	在高标准需求的学校、专业与任务分配领域执教，最高可浮动5000美元（教师需要在特定环境下发挥潜力）	不提供领袖角色与奖金	最高可享受55000美元
高级（5～10年）	46000～55000美元	最高可浮动10% 课外影响证明； 制定并运用新的评估方法，可额外享受2000~3500美元的奖金	最高可浮动10% 获得全美教学认证可获助学金； 研究型的专业发展； 指导新教师； 展现专业发展如何提高学生学习成绩	最高可浮动10000美元 在高标准需求的学校、专业等领域（教师需要在特定环境下发挥潜力与效率。）	最高可浮动10% 提供教师培训与指导； 为社群发展提供支持	最高可享受85000美元
精通（10年以上）	56000～70000美元	最高可浮动15% 运用课外考核分数及其他测评工具提高学生学习成绩，运用自己的技能帮助其他教师提高学生学习成绩；制定并运用新的评估方法，可额外享受2000~3500美元的奖金	最高可浮动15% 与高级教师要求相同，但当知识与技能应用于全学区与整个州时，增加5%	最高可浮动15000美元 在高标准需求的学校、专业等领域（教师需要在特定环境下发挥潜力与效率）	最高可浮动15% 提供教师培训与指导； 为社群发展提供支持； 在州与全国发挥领导力推广新成果，传递新的方针政策，额外奖励10000美元	最高可享受130000美元

资料来源：教学质量中心，2007

第二个现实生活中的例子是“教师进步计划”TM（TAP），由全美优秀教学协会发起，在十三个州共同推行。TAP计划始于1999年，执行职业生涯连续化的方针（多重职业路径），包括三个发展阶段：高级教师、指导教师、专业教师，薪资涨幅在2000美元到11000美元之间。表 8.2描述了每个发展层次承担的不同职责。

最后，特伦与博尔斯在其解决小学教育问题的书中对虚拟学校进行了阐述。在他们的模式里，“千禧学校为教师提供多重职业路径，给予进阶培训与经验以更高的薪资，职责、监督与团队管理作为回报”。模式中涵盖了从教学援助到指导教师主管六个教职务（表8.3）。

即使在当下，较之成为传统的学校行政人员，教师有更多选择担任领袖角色。各州及办学机构开始发掘教师的教学领导力，然而虽然这些组织机构可从教师领袖的才华中受益，但他们有义务为领导力的持续发展构建支持。虽然在各自的教室里授课有益，但教师领袖提出，当他们被赋予教师领袖的角色时，他们拥有了挑战、专业发展以及开阔视野的机会。

表 8.2　多重职业路径：教师进步计划TM（TAP）

职业路径	职责
专业教师	任课教师；参加TAP会议与专业学习；与其他教师在课程、教学与评估方面开展合作；制订年度工作计划
指导教师	领导团队成员；TAP会议协调，分析学生数据，示范与合作教学，教师指导与评估、参加专业学习
高级教师	领导团队成员；负责校内TAP计划，与校长共享教学领袖角色，分析学生/教师数据，监督专业成长计划，传播研究型教学策略，合作教学、教师指导与评估、参加专业学习、课程协调与计划评估与评定

资料来源：摘自教师进步计划基金会，2005

表 8.3　多元化职业路径：千禧学校

层级	职责
实习教师	大学生或研究生；课堂任教时间至少一年
助理教师	任课教师（上课时间低于全职）；观摩其他教师授课，参与专业学习体验
教师	全职任课教师
专业教师	任课教师；监督实习教师、助理教师，并且/或者参与教师调研/课程设计
主管教师	团队领袖人物；监督与指导教师，专业贡献（比如，发表专业相关文章），保持竞争力

参考资料：摘自特伦与博尔斯，2003

我们构筑职业选择，任重而道远。大约在23年以前，卡内基教育与经济论坛就建议我们：专业人士不仅拥有广泛的支持者与可用资源，他们还通常有组织性，这使得当中最有能力的人能够以各种方式和途径，从政策方向到员工职责培养，对其他人的工作产生积极的影响。这是简单效率的问题，为这些有价值的人所展现的经验与技能在整个事业的自身存在提供保障。

很显然，我们的学校还没有接受该特别小组的这项提议。比如，有超过74000名已经获得NBPTS认证（全美专业教学标准委员会，2008年。）的教师、少数州、教学机构或学校，仍然没有让这些教师有效地参与影响教学或教育方针的工作。实际上，学校和教学机构的领导甚至对这些通过严格考核获得证书的教师不给予认可。为了充分发挥教师领导力资源的潜力，学校与教学机构必须解决运用这一资源的环境问题。

教师领袖正在为自身的就业机会向决策者实施影响，“教师解决方案”（参照表8.1）提供的模式就是证明。这些领路人从事不同的领域，需要教师领袖同伴的支持。教师领袖首先要做的是了解已有成果，扩大职业选择；其次为那些他们感觉有作为的人助力。但并行职业路径必须是奖励教师领袖努力工作的发展津贴。承担领袖角色的专业人士应能够按照绩效薪酬获得薪资的合理涨幅。

（2）提供适当的津贴

教师领导力缺乏奖励的问题也应得到解决，能否切实满足教师金钱与非金钱上的需求，影响着教师从事领袖角色的意愿实现的机会。教师的单一薪资制度已经名存实亡，失去了效用。在90多年前被引入的时候，实行统一的津贴计划有充分的理由，比如性别歧视、种族不平等导致的薪资差异。这种方法得以持续的诱人之处在于，行政人员和教师很容易预测教师的薪资，而教师也认为这种方法很客观。另外，尝试区分薪资结构要依靠不固定的教育经费、未经培训的行政人员的主观评估，还有来自教师组织机构的干预。

因此，之前施行的绩效工资和其他奖金制度已在公共教育领域陷入窘境。很难制定可接受的、有说服力的绩效测评工具作为奖励教师的标准，这时教师自己对这种形式的认可感到不安。

今天，我们必须解决津贴的问题，消除这种不适感。很多即将退休的教师愿意在学校工作更长的时间，甚至从事第二职业以补贴家用。如今，决定严肃对待绩效津贴模式是受市场的驱动，忽略了教师的这些选择就是将教育系统置于优秀教师流失的危险境地。如我们之前在第四章所探讨的，未来一代的教师不会甘愿做出这样的牺牲。他们或许从自己的父母身上已经历过，为了具备在任何组织机构承担领袖角色所必需的精力，而施加在家庭上的这种压力。新教师渴望获得良好的工作条件、平衡个人与职场生活、维持生计的合理的薪资。科克伦·史密斯称，为了长期服务于教育事业，今天与未来的教师需要：能够给予支持的优秀的学校环境、与专业学习社群其他教育工作者的合作机会，而不是处于孤立、封闭，职业生涯差异化的领导，晋升的机会，优厚的薪资。

各种策略方案正推动着交流与行动措施认真思考，教师如何在各个发展阶段获得津贴。很多教师已经获得了NBPTS认证，随着其人数增长，他们将期望承担领袖角色的薪资能呈现差异化。在2005年，有20名州长在他们的州情咨文里将教师津贴列为一项重要教育问题。美国教育部向教师奖励基金拨款一亿美元，同时批准《不让一个孩子掉队》第二章规定的基金用于各州与各学区探究其他薪资模式。国家中心，比如绩效奖励国家中心（www.performance incentives.org），正在调研并探究教师津贴的模式。《教育周刊》（*Education Week*）年报《教学质量统计》（*Quality Counts*）的编者们已将教学工作作为他们评定各州教育等级的重点考虑因素。

他们在2008年版的《教学质量统计》（*Quality Counts*）里对薪资的分析中发现，“16个类似职业每挣1美元，教师挣88美分……（并且）其他职业的工作者比教师更有机会获得高于平均水平的薪资。”多年宣传教学改革措施的失败如今已把焦点集中在教师个人素质领域，而多数教育工作者也知道这其中的重要性。最终，新的绩效薪资方案逐渐证明，他们具备“提升教师素质、解决某个专业领域和学校教师短缺问题以及确保有效教师更加平等分配的潜力”。

相比之下，较之以前的绩效工资与奖金模式，绩效薪资模式似乎会持续下去。教学机构的领导正以一贯怀疑的态度去了解新模式，而并非对津贴问题视而不见。关注教学机构的人力资源是摒弃怀疑、采取可行的津贴模式的关键。

多数组织机构将员工视作获得成功的重要资产。为此，产生了列队选拔、专业学习以及绩效评估全方位的人力资源计划。教育系统当然不能忽略这些人力资源元素，但一所办学机构却很少能将这些元素融合，从而为个人创造一套综合全面的支持系统。教师招募与保留的危机已经迫使教学机构的领导开始审视他们的人力资源计划，并且把绩效工资作为保留优秀教师至关重要的教学系统改革的唯一要素。

依据少数州与办学机构可用的绩效薪资计划，形成了有效津贴计划的准则（表8.4）。设计该计划的目的就是为了让所有教师都能参与。如果我们不想重蹈过去津贴计划失败的覆辙，这些准则至关重要，但需要鼓起勇气去实施。大部分津贴计划里都有一项解决教师领袖职责问题的准则：当教师在学校及社群承担额外职责提高学生学习成绩时，他们就应当获得额外的补助。期望教师承担这些责任而不领取任何补助，是对如今学校教师的不重视。绩效津贴模式脱离了单纯的薪资模式，向老师提供了按照自己的知识与技能、学生学习成绩、领导力以及对学校或专业领域高标准的贡献，最高可享受13000美元或者更多薪资的机会。（参照表8.1）。

表 8.4　绩效薪资计划准则

- 津贴计划以提高学生学习成绩为基础，应以多种方法进行考核评定，而非单纯以考试分数为主。
- 老师拓展自己了解与能够掌握的专业技能，提高学生学习成绩。
- 提供高品质的专业发展，帮助教师获得必要的知识与技能。
- 所有教师若符合津贴计划的需求，就有资格获得补助。
- 教师与行政人员要深入参与津贴计划的制订。
- 教师的评估人必须获得高品质的专业发展。另外，多个评估人可通过内部取得一致，保证评估的有效性。
- 清晰的沟通与专业发展帮助教师与行政人员有效地参与津贴计划。
- 津贴可与当地社群的特殊需求挂钩。
- 当教师在学区与社群承担额外职责提高学生学习成绩时，他们有资格获得额外的补助。

为了获得高薪，教师必须承担领袖角色。除非薪资计划规定教师工资大幅增长，否则教师不愿意参与。另外，教学机构及各州必须保证为这些激励计划提供持续的财政支持，从而改善教师的物质奖励，鼓励教师贴近课堂，因为那是他们的兴趣与才华赖以生存的地方。

虽然提供就业机会与改善津贴计划很重要，但除非我们能解决所有教师的工作环境问题，否则不会有多少改变。除非教师领袖在非常健康的学校环境里，即他们的工作受到尊重的地方工作，否则他们会陆续退出这些新角色。

（3）改善工作环境

当下教师短缺与婴儿潮时期即将退休的情况迫使决策者开始对退休问题，更重要的是，教师保留问题密切关注。

舆论一致认为不存在教师短缺，但教师保留却是个问题。可以预见的是，教师不长期执教的原因包括薪资问题，但遗憾的是，离职的这些教师当中有50%以上，或跟其他教师分享他们离职、到校外找新工作的经历，或表达对教师工作的不满。维亚德罗在最近一期的《教学质量统计》（*Quality Counts*）指出，“工作环境比薪资重要”。如我们在第五章所探讨，教师领导力若要繁荣发展，成年人的人际关系、组织架构以及校长的领导力极其重要。

目前，内华达州有七个州和一个学区与教学质量中心合作，对所属学校的工作环境进行检查，以更好地了解教师对自己工作场所的看法。教师工作环境调查每年两次，同时面向教师与学校行政人员在网上进行，而公众也可以看到调查的结果，因此该调查工具成为领导问责制的一种手段。教师领袖是教师工作环境调查设计初衷的受益者。由教师领袖单独组成的专业标准委员会潜移默化地影响决策者，在北加州进行第一次调查并公开调查结果。调查的评估领域不限于班级规模与教师/学生比率，焦点以工作环境对所有教师，尤其是教师领袖的重要性为主。评估范围包括领导力、专业发展、赋权、设施/资源以及时间。

教师工作环境调查结果如何影响方针政策的例子是，北加州的州教育理事会决定，修改学校行政人员的续约需求许可。新的校长续约需求许可包括“关注教师有效性、教师支持、教师领导力、教师赋权与教师保留”。虽然学校、教学机构与各州对改善工作环境的应对措施还存在某些局限性，但至少现在已经获得了公众认可，如果优秀教师是每一位学生的需求目标，那么决策者必须对工作环境加以重视。作为专业人士，教师不应再在资源短缺、有限的成年人合作机会、缺乏充足时间满足专业需求的条件下工作。

我们虽然只对教师领袖关注职业生涯问题的三个领域进行检查，但其他领域肯定还存在问题，比如问责制的测评、教师领袖的可支配时间等。

无论遇到什么问题，教师都会积极倡导自己的信念。实际上，当与决策者在学区、州以及全国层面的决策者合作时，他们通常是最有影响力的人。为了实现影响力，教师必须学习倡导技能。领导力其中的一个技能就是倡导，即教师可以学习在方针政策层面上发挥影响力的一些技巧。

3. 做倡导改革的教师领袖

虽然期望“其他人”做出改变比较容易，但依靠其他人解决问题却很难。倡导最大的潜力在教师自身，解决方法取决于教师领袖有意识的行动，他们以现实的态度对待现状与潜在的困难，始终寻求与同事及他人有效合作的方法。

教师告诉我们，他们始终在树立成为教学领袖的自信。在会上积极发言、主动找校长制订计划，或者利用学区指派的任务为校本工作提供缓冲，这些是要求教师具备的所有技能。那些承担风险的教师领袖描述了自己在邀请其他经验较少的教师走进课堂观课，在学校改进小组会议上捍卫立场，或者促进一个难以相处的团队合作并最终达成一致时所经历的积极乐观的情绪。

如今，教师领袖学习倡导的方法与途径有很多。少数师范课程，比如在加州大学的X中心，正在让学生为成为教师领袖做准备，宣传社区公平，特别是城市社区的公平。位于弗吉尼亚联邦大学的教师领袖中心为希望倡导改革的教师领袖提供支持。各项技能获得认可的NBPTS认证教师被编成各个团队小组，在当地、州与全国层面的方针政策上发挥影响力。在2006年，五个州举行单独峰会，邀请NBPTS认证教师参与讨论高标准学校招募与保留优秀教师的问题。会议成果包括各种建议报告以及持续整整一年的网上讨论。其他事例还比如，NBPTS认证教师主动组建自己的支持团队，为倡导教师与学生学习提供指引。

还有供教师领袖开展自我专业学习的资源。

课程设计与监督协会（www.ascd.org）与《宣传学习材料》（*Advocacy Tool Kit*）联手为教师领袖提供用于影响决策者、媒体以及社群的信息。该学习材料为如何在决策者小组面前演讲、如何编写刊物、如何发表以及多数人不了解的策略方法方面提供专门的指导。这种方式的另一种支持形式还有科学教育中心（http://cse.edc.org/products/teacher leadership），以网站的形式帮助教师领袖制作演讲报告、与社群合作、编写出版物以及培养其他宣传技能。

超过300名的教师领袖现已成为教师领袖社交网络（TLN）的成员。TLN网站表示，这些教师领袖“不断完善他们对方针政策的观点，对影响他们所服务的学生与社群的决定提出自己的意见。”。这是一个功能强大的教师领袖队伍，他们的能力与诚信已经获得了认可。该教师队伍的成员撰写了大量媒体出版物，比如《教师杂志》（*Teacher Magazine*，www.teachermagazine.org），参加州与全国方针政策会议、作为虚拟专业社群的组成部分参与每日讨论。这些只是教师领袖彼此帮助、培养倡导技能的几个例子。

拒绝让教师获得倾听并参与决策的政策与实践情况正在发生转变。禁止教师在教育改革流程里充当学校行政和其他利益相关者的全程合作伙伴，这种契约性的规定有必要进行修改。为了让学校一切以学生为主，放弃某些政策与规定是确保任课教师积极努力、兢兢业业的重要步骤。教师参与标准的设定不只是为了达标，重要的是，教师是否能够像技术人员一样摆脱这些标准的条条框框，进入专业的领袖角色。教师可与州立法者一起倡导将大量的资源作为渠道，资助绩效薪资与津贴计划，为更好的工作环境提供保障，为优质的专业学习提供机会。若我们想要保留优秀的教师队伍和提高学生学习成绩，教师的意见与观点必须在学校以及学区和各州政策层面上获得倾听。

4. 总结

在推动教师领导力工作时，有几个因素很关键。首先，学校与学区里的教学领袖必须承诺，通过对教师领袖概念的理解，提高教师对领导潜力的自我认识来培养教师领导力，随后提供专业的教师领导力发展。

另外，所有教师的就业机会必须成为组织架构的一部分，这样承担额外的领导工作受到奖励与认可也就合情合理。与此同时，一套全面的津贴计划应该与多重职业路径并行。最后，学校环境必须是教师能够在其中发展并继续领袖角色工作环境的反应。

随着教师领导力的发展演变，还需不断努力充分利用资源、解决问题与消除障碍。有时，尽管环境阻碍了其潜力与有效性，但教师领导力似乎依然在顽强地生存。教师领导力带来的好处不计其数，对教学改革工作起着举足轻重的作用。认为改革需要坚持不懈的思想意识迫使我们对能够成为改革主事者的每位教师的技能、知识与专业加以利用。最终，与今天的学校相比，未来的学校将会大为不同。教师领导力的发展演变将有助于产生积极的转变。

需要改革的地方还有很多。当教师领导力成为规范，当我们再也听不到州教育委员会的委员、地方学校理事会成员、行政人员，尤其是教师自己表达的“只是一名教师”（just a teacher）的说法时，教师的状况就将得到明显改善。

资料 A　教师领导力资料：教育哲学调查表©（PEI©）

罗琳.M.津恩（Lorraine M. Zinn）

《伊利诺斯州昆西市的终身学习法》

（Lifelong Learning Options, Quincy, Illinois）

作为一种职业，教育已成为一项相当复杂的工作。人们期望学校——以及教师——在解决各种社会和学生需求问题的同时，继续提供“最基本的”一种“良好的教育”。我们如何为我们的孩子提供最好的教育？我们如何在教育问题上做出艰难的抉择？

学区以及整个社会对学校应该做什么、如何做的问题一直争论不休。学校理事会内部也分成了热衷“成果本位教育”与拥护“回归基本能力”相对立的不同阵营。在经过多番辩论后，将初等高级中学改为中学，那么中学的概念则需要重新界定。很多家长与社群领导认为，学校应该向学生传授有关性、暴力、吸毒及其他重要社会问题方面的知识。其他人则强烈表示，这些问题应该由家长、教会、青少年社团以及各种社区机构来解决。

这些问题引起激烈讨论的根本在于“教育的目的是什么？”

教育哲学为教育目的提供了明确的依据。教师及学校，不具备最基本的教育目的就不能从事教育事业，即使这个目的没有得到明确的描述。

1.教育哲学相关事

教育哲学提供了一种明确描述教育目的的方法。《教育哲学》（*A Philosophy of education*）展现了一套适用于教育的既完整又相互关联的价值观与信仰——人生的目的与本质的观点、个体在社会中扮演的角色、学习与教育的目的或目标、教师与学生的角色、重要课题以及有效的教学方法。

教育哲学的差异导致不同的教育形式。比如，美国早期的公共教育，既注重教授基础的读写算能力（即“3R”教育），又注重强调“好”与“正确”的普遍（基督）信仰。20世纪60年代末的黑人研究项目旨在灌输与强化种族自豪感。近年来，多元文化研究愈发受到重视，整个社会也在积极推动文化的多样性。玛丽亚·蒙台梭利（Maria Montessori，意大利教育家）教育机构成立的目的是鼓励孩子个体成长，而非对孩子进行社会化或“填鸭”式的教育。提倡“回归基本能力”教育的学校表明了这样一种观点，即扎实的阅读、写作与计算能力是良好教育的基础。环境教育，在很大程度上，是一项“增强自我意识”的工作，旨在对社会各阶层的重大改革产生影响。

最熟悉的教育哲学应该是“进步主义”法，即主要归功于杜威博士提出的彻底脱离传统教育的方法，或“保守”的教育方法。其他教育哲学经过数年的发展演变，其名称与类别已发生了变化。虽然存在差异，但所有教育哲学都反映了教育某一领域的价值观与信仰：

● 教育的目的（或目标）。

● 要讲授或强调的教学内容（课题）。

● 教学与评估的方法。

● 教师角色。

● 学生或学习者角色与特征。

存在多重教育哲学的原因是，教育工作者（以及家长、立法者、学校理事会成员、教育理论家等）对教育的每一个方面持有各种各样的价值观与信仰。

（1）个人教育哲学

教育目的与方向的重大决定一般是在学区层面，甚至是在州与国家层面上制定的。最近，某些决策职责已被授予了学校，教师、家长以及其他社群代表同时参与。但当遇到诸如，教学时应强调哪些重点、哪些方面应该避重就轻、使用什么教学材料、如何对学习进行评估等类似问题时，每个教师依然面临着选择。

一位教师可能会对自己提出如下问题：

● 鉴于指定的教学课程，是否有我认为应该特别需要强调的部分？

● 哪些教具将供我使用？如果提供的教具有限，或者没有选择的余地，我将如何使用指定的教具？我还应该添置哪些教具？

● 我是否要运用注重个人或合作学习的教学方法？

● 我是否希望把学生看作是学习者的挑战，我是否希望培养他们的个人成长与发展？

● 我能教给学生最重要的事是什么？如果我必须要放弃另一件东西，会是什么？

类似于这样的问题是可以找到答案的，至少有一部分答案就在教师的个人教育哲学里。

（2）为什么要有教师领袖个人教育哲学?

鼓励教师发展自己的个人教育哲学有如下几项充分的理由：

● 教育哲学为课程、教学以及评估的重大决定提供坚实的基础。每日课程计划与课堂教学方面做决定的人正是教师。

● 教师有丰富的有关教学内容与教学方法信息，但教师讲授具体内容与使用具体方法的原因的信息却非常少。个人教育哲学为教师提供了“试金石”，提醒自己做什么，为什么做。

● 探究教育哲学可以揭示教师与教师之间，或整个教师队伍、学校，或学区之间存在的矛盾或分歧，还能够揭示共同点与相互支持的思想观念。其所有见解对教师有重要价值。

● 如果教师理解了教育哲学对教育的影响，如果教师能够与其他教师、家长、学校行政人员以及学校理事会分享这份心得，那么他们有可能成为各自学校与学区里更优秀的领导者。

更为重要的是，个人教育哲学有以下几大好处：

● 为教育评价及决定奠定综合性与一致性的基础。

● 为提出更有建设性的问题并为之寻找最佳解决方案提供框架。

● 为区别哪些事值得做，哪些无关紧要，哪些比较重要或次要的问题提供协助。

- 开阔视野，让个人生活与工作更有意义。
- 教师的思想观念或价值观与日常行动和决策保持一致。
- 深刻理解教师与学习者、学习者与学习者、课题与校外世界的关系。
- 为教学“团队”各成员间、教师与学校行政人员之间相互理解与有成效的工作关系奠定基础。

2. 教育哲学调查表

教师如何发展个人教育哲学？是不是又到了坐下来用笔和纸（电脑）记下关于学生、课题、教学方法以及教育目的等一系列“我认为……”的说辞的时候了？

实际上，明确个人教育哲学有一个更简单的方法，即运用一种融合了思想观念及价值观与教育决策结合实践的自评工具。在本资料的最后已再版了一份《教育哲学调查表》（*Philosophy of Education Inventory*）的副本。

在继续阅读之前，你可能想利用几分钟的时间完成PEI©并打分。之后再回过头来深入思考自己的个人教育哲学。

（1）分数解读

你有什么发现？你是否感到奇怪？或是这个结果是否证实了自己一直以来对教育哲学的看法？你是否认可各种教学方法、流行语、教学实践及其他以哲学为主的相关理论？多提供一些信息、多举几个示例或许有助于对你的PEI©分数进行解读。

（2）标签与分数很重要吗?

PEI©已明确了五种有影响力的教育哲学，运用通俗易懂的标题或标签表示即为：行为、综合能力、进步、人文与社会变革的教育哲学。这些标签使得各个教育哲学之间有所区别，证实教师的思想观念与价值观代表着普遍获得认可与尊重的教育哲学。

然而，PEI©的目的不是“标签”（label）或“被贴上标签”（labeled）。这不是一项测试或竞赛，分数越高越好。PEI©的焦点应注重探究所有教育工作者在日常决定与面临选择时，他的信仰与价值观。如果标签与分数有助于教师对教育哲学及教学相关事宜的理解，那么他们是有用的；如果他们会成为某种阻碍，并让人们感觉自己好像受到了束缚，那么这个标签与分数将毫无用处而且不应该受到重视。

（3）行为教育哲学

从“行为学”的观点来看，教育的主要目的是，教授儿童符合由社会精英或业内专家设置的一定的标准与期望。

教育里的行为主义强调管制、行为修正、强制性学习以及目标化管理（安东尼，1993，第1页）。教学的焦点或许就是讲授如何辨别“对”（right）与“错”（wrong）（比如，宗教教义）、流程与结果（比如，操作一件设备的正确方法），甚至不允许质疑权威的服从指令（比如军训）。行为教育哲学倾向于支持诸如生产效率、科技、效能与评判标准的社会价值观，但不特别赞同进步、改革、个人主义与自立。

通常，行为主义教育依靠循序渐进的教学方法，即在掌握一项技能之后才能开始学习另外一项技能，并且根据反馈和（积极或消极的）反复强化，与很多实践相结合。较之美国的文学或音乐欣赏课程，行为主义教育哲学与职业教育的关系更为密切，它适合教授儿童一些基础的数学课程，而不适用于高中生运用数学概念进行财务方面的预算与评估。

（4）综合能力教育哲学

综合能力教育哲学的标志是文科教育，其主要目的是提供一种基础扎实的普及教育，而非一种专业性的，或职业性的教育。这一哲学理论的重点在于自由学习、系统化的知识以及思维智力的发展。综合能力教育关注“文化价值共享，包括共同的经历、共同的政治与经济观点、共同的语言、共同的愿景”。诸如进步、改革、新事物、乐观主义、主动性、实践性、效能、评价标准以及科技等社会价值观，在综合能力教育哲学里没有着重进行表述。

近年来，这种教育方法由于过时和不适用而通常遭到摒弃，特别是由于其依赖的非交互教学法（比如，讲座、记课堂笔记），并且强调过去的经历，而非当下的社会问题。然而，与机械的传授文化相比，这种哲学理念更有意义。综合能力教育哲学所固有的特点是，注重学习知识与发展智力相结合（比如，批判性与创造性的思维能力）、思想与价值观概念的理解（比如，所有历史、文学、心理学、社会学和政治学与了解书籍审查制度都有什么样的关系）。

列举一个最近综合能力教育哲学重新出现的例子“派代亚计划”，作为其基本的理论前提，该计划信奉的是“所有真正的学习源自教师自身的思维活动……当由教师实施的这种思维活动使学生处于被动时，后者就算不上学习者，或许是个记忆者，但不是学习者”。如今的某些公立另类学校，还有很多成立时间较长的私立学校，一直以综合能力教育哲学为本。

(5)进步教育哲学

进步教育哲学的重点是，教育人们在民主社会环境里，在生活中承担责任并一起合作解决问题。“进步”这个词可能不太恰当，然而在本世纪初，它作为“保守派”（conservative）或“传统派”（traditional）（文科）教育的对立面，具有很高的辨识度。进步教育哲学的要素包括教育儿童做有责任心的公民、强调在学习的同时亲身体验、把学校与课堂变成学习社群、鼓励对部分学生积极探究、发展学校能够对文化差异包容与接纳，而非遏制。

目前，进步主义教育哲学经过合作学习、社群服务、多元文化教育、权威评估以及教师与家长的学校改进小组得到了印证，这些教师与家长承担了某些之前学校理事会和行政人员的计划与决策职务。教师在进步教育里最主要的角色就是“指导”（guidance）：“通过合作，对指导个体与生俱来的能力进行协助”。将这种“指导/合作”（guidance/cooperation）概念付诸实践的范例就是“小组调查法”，一种将课堂的互动及交流与学术研究相结合的合作学习方法。该方法使课堂成为一种社会体系，既建立起每个小组里学生之间的合作，又建立起整个班级各小组与小组之间的合作。

近年来，“为民主育人”（education for democracy）的概念似乎主要被解读成了专门为儿童预备在校外生存的合作学习与现实学习体验。然而，该教育方案关注毒品、家庭与社会暴力以及性教育，确实是在鼓励少年儿童在民主的社会里做一名有责任心的公民。

（6）人文教育哲学

“人文”（Humanistic）教育有时是指以实现自我为目的的教育，或“为满足生活挑战与成长需求的个人技能与潜力的自主发展”。人文主义哲学极其赞同亚伯拉罕·马斯洛（Abraham Maslow）的人类动机心理学，认为自我实现是人类发展的最终目标。“人文主义”（Humanism）强调自由与自主、信任、合作、参与、自主学习。人文教育哲学倾向于赞同个人主义与独立自主的社会价值观，因此特别不赞同生产效率、科技、效能与评判标准的价值观。人文主义教育主要关注的是，支持与促进每个学生的个人成长与发展。这种哲学思想的范例是近期形成的在普通课堂上兼顾所有学生的教育趋势，而非将“能力较差”（less-abled）或有“生理或智力障碍”（physically or developmentally challenged）的学生安置在特殊教育（special education）的班级。（注意怎么才能把这些术语也给改一改？）

最近一项有关“教师信仰体系”与教师效能关系的研究表明，许多教师的信仰在本质上具有人文主义：“信任、包容、友谊、尊重、自律、民主氛围、灵活性、学生自觉、非惩罚与非说教的态度”。

人文主义教育哲学的基本构想是“人性的本质是好的”。人文主义教育哲学的基本方向是关怀的概念，诺丁斯，《学校关怀的挑战》（*The Challenge to Care in Schools*）一书的作者，对此极力推崇。诺丁斯建议，学校课程应全面了解“关怀的主题是围绕关心自我，关心身边的人，关心陌生者和远离自己的人，关心动植物与地球，关心人类创造的物质世界，关心知识”。

（7）社会变革哲学

该哲学理论把教育看作是社会改革的主要力量，强调学习者的自由与自主。社会变革哲学的中心思想是认同文化、政治与经济因素对个人与集体的影响。社会变革教育“通常与当下美国的价值模式背道而驰，……强烈要求政治意识与社会行动，（强调）把知识当作力量和师生间的一种合作。”。社会变革哲学的核心是，超越相信机会均等的主流思想观念，去支持社会条件的平等。其教育哲学的范例有，伊里奇的“反学校教育”（deschooling）运动、弗莱雷的“批判意识”（critical consciousness）教育学、肖尔在《赋权教育》（*empowering education*）中提出的观念，还有对州与联邦权威机构在学校问题上的抵抗，包括当下反对义务教育现象的再度出现。

（8）多元化哲学导向

根据PEI©的评估结果，教师或者趋于具备一个明确主要的哲学导向（结果在75分以上），或者趋于同时具备比其他哲学意识都强烈的（比如，分数较高）的两种哲学导向。典型的组合形式是行为—综合能力主义与进步—人文主义。不太典型，但仍可兼并组合的是行为—进步主义、进步—社会变革主义。不太可能的组合有行为—人文主义和行为—社会变革主义，原因是这些哲学所强调的基本价值观在本质上无法融合。

一般来说，教师的经验越丰富，教育哲学观就越清晰明确（比如，相较于其他哲学观的评估结果，有一两个哲学观至少在75分）。经验不太丰富的教师通常发现他们三个或三个以上的哲学观的分数差不多都相等，因为他们自身对教育的信仰与价值观仍然处在发展阶段，并可能与家长、同侪或大学导师的信仰与价值观交织在一起。

抛开经验不谈，如果没有一两个哲学观作明确的参考，比如，没有相当高的分数，或者如果最高分数代表着从本质上不相融的哲学观，那么教师可从进一步探究与明确个人教育信仰与价值观中受益。寻找单项评级最高的PEI©表述（比如，评级在6或7的问题项）的自相矛盾之处对教师尤为帮助。

（9）教学风格如何?

“个人教育哲学观”（personal educational philosophy）与“教学风格”（teaching style）是一回事吗？这两个概念之间有一定的联系，虽然可能定义不同。海姆利希与诺兰（Norland）指出：“教学风格就是运用哲学的方法进行……教导与传授。”“风格是一种表达模式……它关乎形式，而非内容，关乎过程，而非结果。”“教学风格”（teaching style）随着一个人教育哲学观的不断形成与组合而发展演变，并最终偏向于某种教学方法、技巧与策略。

教育哲学主要关注教师行为的“原因”（why），而方法、技巧和策略用于描述并指导教师“做什么”（what）。教育哲学深植于人们的生活价值观，不太可能发生巨大改变。但另一方面，教学方法、技巧和策略可能会因在某一特定情况下取得明显的成效而有所改变。

一定的方法与技巧对某个哲学观尤为有益，比如，进步主义哲学运用合作学习，或者人文主义哲学运用小组讨论。然而，一名经验丰富的教师会将各种方法、技巧与策略融会贯通，有选择性地配合使用，只要他们与既定的哲学观最基本的理论前提相一致。匹配不当的例子如，进步主义或人文主义哲学里大量使用讲座式与死记硬背式的学习，或者把小组讨论作为支持行为主义教育哲学的主要技巧。

3. 接下来的步骤与实际应用

（1）培养教育哲学观

有时，教师被要求以叙述的形式（比如，在求职申请或面试的时候）描述一下他们的教育哲学观。PEI©可作为一项陈述的开始。着手这项任务的方法如下。

① 确定自己是否对五个哲学观里其中的任何一个有强烈的认同感，比如，“基本上来说，我的教育哲学观是人文主义（进步主义、行为主义等）。”另一种方法是确定两个具有巨大影响的密切关联的哲学观，比如，人文—进步主义哲学观，或综合能力—行为主义哲学观。

② 运用《教育哲学调查表》（*Philosophy of Education Inventory*），选择所有评级为6或7的问题项，通过把问题项改写成完整句子的形式开始叙述，比如，PEI©的第八项，可以写为，“在制订一项教学行动计划时，我尝试营造一种有助于促进自我探索与交互的环境”。

③ 将这些句子加以组织，使其叙述的时候能够表达连贯，其方法可根据前篇提到的所有教育哲学观所固有的五大要素：教育的目的（目标）、要讲授或强调的内容（课题）、指导与评估的方法、教师角色、学生或学习者角色与特征。你也可以补充或增加不同的组群。

④ 仔细检查草稿，查找自相矛盾的地方。比如，既极力赞同满足教师

管控的需求，又支持学生获得自主权，或者既倾向于问题导向课程，又支持同步课程，两者不存在一致性。如果你找到了类似于这样的矛盾，继续对你的想法进行反思，并改写、删除或加入具体的语句进行描述，直到你的教育哲学观的表述逐渐趋于一致。

⑤ 最后，修改教育哲学观陈述，确定其结构严密，语法正确。尽可能地运用描述决定与行动的语言，而不是对想法的简单陈述。（切记，你的想法与价值观是你的决定与行为的反应。）

注意：很多教师想选择一种折中的教育哲学观，从众多的选项当中挑选某一特定思想、理论和技巧，将它们糅合在一起形成一种独特的存在个体。当下的美国教育界支持这种方法，其普遍的态度是学校可以并且应该“百家争鸣”。这是个令人钦佩的想法，但可能不太可行。某些有关教育的思想彼此不相融合，另外一些甚至完全对立。比如，行为主义观点认为：“以实践与反复练习为目标的教育行为，学生的学习成果最好。”这一概念与人文主义的观点大相径庭，人文主义观点认为，“学生自由探索，不受某一‘系统’（system）的约束，学生的学习成果最好。”如此，采用折中法最重要的是，每一个构成教育哲学观的“零碎信息”要与其基本的理论前提相一致。

（2）强化指导小组

教育哲学调查表（Philosophy of Education Inventory）是教学指导小组（教师、课程设计员、行政人员等）重要的员工培养工具。它为意见不统一的教师提供了一种缓解紧张、消除误会的方法。在完成PEI©并分享结果后，教学指导小组已表明他们可以抛开“我是对的，你是错的”的这种想法，接纳每个人在某种程度上对教育的不同观点与价值观。认识并确认无论是差异还是共性通常都有助于更好地沟通与了解、改进同事间的工作关系，制定更有效的教育方案与决策，所有这一切最终会让学生受益。

（3）言行一致

即使人们已做好了万事俱备的打算，找出他们“思想”（*believe*）与实际行动之间的不一致也并不稀奇。阿吉里斯（Argyris）与舍恩（1974）尝试弄清楚，为什么人们在对行动做出改变时会有困难，即使在他们明确表示想要改变时。其中的困难可能代表着某种被称之为“使用理论”（theories-in-use）（长期存在的一种对行动有巨大影响的思想与价值观）与“信奉理论”（espoused theories）（人们宣称的自己所遵循的思想与价值观）之间的冲突。信奉理论与使用理论通常互不相容，然而人们却没有意识到这一点！显而易见的是，人类的本性对保留长期存在的使用理论具有相当强烈的愿望。

了解人们“思想”（believe）与“行动”（do）的不一致可以提供一些有价值的观点。PEI©为这方面的自我评估提供了方法。在完成调查表以后，你可能希望和同事一起回顾你的答案，邀请他对你的教学进行观摩，为与你所宣称的思想相一致——或不太一致的行动提供反馈。

（4）教师如领袖

教师领袖可以运用PEI©里的信息与见解作为设计课程、选择教学方案、建立评估方法的决策依据。教育哲学的探究可有助于学校社群的成员理解他们做出某种选择的原因，以及为什么有时会拒绝儿童最佳教育方式。明确个人教育哲学观会发现每个教师的思想和价值观与学校的运作设想不一致的地方。教师领袖可以帮助同事探究彼此间的差异，建立更加宏伟的共同愿景。

如果教师有明确的思想与价值观，竭力采取行动与这些思想与价值观保持一致，那么他们就能够成为更有作为的领导者。最终，面对之前抛出的“我们怎样才能更好地教育孩子？”这一难题，能够给予最佳解答的人是“教师”。一个人具备了清晰的个人教育哲学观，在面对教育问题时会豁然开朗。

4.教育哲学调查表

（1）使用说明

调查表共有15个项目，每一项都以一个不完整句子开头，跟随5个有可能使句子完整的选项。每一个选项的下方是1～7 个量表，用带括号的小写字母标示。暂时先忽略小写字母，只使用量表上的数字。

为完成“调查表”，仔细阅读每一句句干和使其完整的各个选项。从1～7量表之间，在每一项最接近表达你的想法的数字上画圈。量表的范围从1“非常不同意”（strongly disagree）到7“非常同意”（strongly agree），如果你没有任何意见，或对某个选项不确定，可选择“中立”点（neutral）4。

继续浏览所有项目，阅读句干，将每一项用非常同意或非常不同意表示。请对每一项作答，即便你持中立态度，答案没有正确与错误之分。

在做“调查表”的时候，按照你最经常或最有可能的行为习惯回答问题。如果这项“调查表”让你完成得比较容易，那么你需要重点关注你讲授的某一具体课程。如果你确实关注了某一具体课程，选择一门你觉得讲授的最得心应手——最能反映你心仪的教学方法的课程。

祝好！

	非常不同意			中立	非常同意		
	1	2	3	4	5	6	7
1.	在计划一项教育活动时，我很有可能：						
	对我想要的结果十分明确，并且制订课程或计划来达到这些目标。						
	1	2	3	4	5	6	7(c)
	认同——学生平等参与——重大社会、文化、政治或经济问题，制订有助于学生为社会改革做贡献的学习计划。						
	1	2	3	4	5	6	7(h)
	着手选择有可能对学生的其他生活方面有益的授课内容或课题。						
	1	2	3	4	5	6	7(a)
	明确教育活动有实际意义，并与学生的校外生活息息相关。						
	1	2	3	4	5	6	7(d)
	寻找学生最感兴趣的领域，围绕这些兴趣制订教育活动计划，即使我可能会有不同意见。						
	1	2	3	4	5	6	7(f)
	非常不同意			中立	非常同意		
	1	2	3	4	5	6	7
2.	学生学习成绩优秀：						
	当解决问题的方法里出现新知识时。						
	1	2	3	4	5	6	7(x)
	当教育活动组织清晰、安排合理，并提供实践与反复练习时。						
	1	2	3	4	5	6	7(w)
	当在校内外与他人开展开放型的讨论与批判性的反思时。						

续表

	1	2	3	4	5	6	7(z)
	当自主选择学习方法和学习效果时。						
	1	2	3	4	5	6	7(y)
	当在领会自己表达意图的“专家”那里获得学习经验时。						
	1	2	3	4	5	6	7(v)
	非常不同意			中立	非常同意		
	1	2	3	4	5	6	7
3.	教育的主要目的是：						
	促进每个学生的个人成长与发展。						
	1	2	3	4	5	6	7(f)
	提高学生有关文化与社会需要重大变革方面的认识，帮助他们为之贡献力量。						
	1	2	3	4	5	6	7(h)
	传授丰富的知识内容、概念与法则，让学生为终生学习做准备。						
	1	2	3	4	5	6	7(a)
	提升学生解决问题的技巧和能力，帮助他们充分参与并融入社会。						
	1	2	3	4	5	6	7(d)
	培养学生掌握专业知识与技巧的能力，从而达到某种标准或期望。						
	1	2	3	4	5	6	7(c)
	非常不同意			中立	非常同意		
	1	2	3	4	5	6	7
4.	人们获得最有价值的事是通过__________习得						
	与他人共同学习或工作一起解决问题。						
	1	2	3	4	5	6	7(x)
	对文化与社会——过去、现在与未来发生的重大事件与问题进行反思。						
	1	2	3	4	5	6	7(z)
	思路清晰的教育方法，不断帮助他们寻找正确答案。						
	1	2	3	4	5	6	7(w)

续表

	自我探索，而非某些“讲授”的过程。						
	1	2	3	4	5	6	7(y)
	丰富的教育经历，而非专门性的或以职业为导向的教育。						
	1	2	3	4	5	6	7v)
	非常不同意			中立	非常同意		
	1	2	3	4	5	6	7
5.	我选择教学内容的依据是：						
	与学生协商他们认为重要或感兴趣的事。						
	1	2	3	4	5	6	7(f)
	相比学生掌握的现有知识，决定他们未来学习需求。						
	1	2	3	4	5	6	7(c)
	当下社会、文化、政治或经济环境与问题。						
	1	2	3	4	5	6	7(h)
	考虑学生课下“现实生活”需求与问题。						
	1	2	3	4	5	6	7(d)
	“通才”教育已认可的课题。						
	1	2	3	4	5	6	7(a)
	非常不同意			中立	非常同意		
	1	2	3	4	5	6	7
6.	优秀的教师着手制订教学方案的方式：						
	通过考虑希望达到某一效果（知识、技能与学习态度）以及达到这些效果所需的最有效的方法。						
	1	2	3	4	5	6	7(w)
	通过明确教学方案，每天能够解决的问题。						
	1	2	3	4	5	6	7(x)
	通过明确需要讲授的知识内容、概念与理论基础。						
	1	2	3	4	5	6	7(v)

续表

	通过明确对学生生活与家庭有重大影响的文化、社会、政治或经济问题。						
	1	2	3	4	5	6	7(z)
	通过向学生了解并明确他们希望学习的内容以及希望如何学习。						
	1	2	3	4	5	6	7(y)
	非常不同意			中立	非常同意		
	1	2	3	4	5	6	7
7.	作为一名教育工作者，我最成功的领域是：						
	自由、灵活，尊重学生兴趣。						
	1	2	3	4	5	6	7(f)
	完善的组织与管理，为学生确立明确的行动目标与定期反馈。						
	1	2	3	4	5	6	7(c)
	关注学生应用于现实生活的实践技能与知识。						
	1	2	3	4	5	6	7(d)
	有条理的组织课题，为以后的学习打下坚实的基础。						
	1	2	3	4	5	6	7(a)
	学生喜欢探索，认真思考周围的世界。						
	1	2	3	4	5	6	7(h)
	非常不同意			中立	非常同意		
	1	2	3	4	5	6	7
8.	在开展一项教育活动时，我喜欢创建：						
	一个机会，让学生掌握能够在“现实世界”里运用到的新的知识、概念与技能。						
	1	2	3	4	5	6	7(x)
	一种环境，鼓励学生审视自己的思想与价值观，提出批判性的问题。						
	1	2	3	4	5	6	7(z)
	系统化的环境，让学生保持专注并有组织地向既定的学习目标前进。						
	1	2	3	4	5	6	7(w)

续表

	一种对未来的学习内容在广度与深度上的概念性理解。						
	1	2	3	4	5	6	7(v)
	一种支持性的氛围，从而促进学生的自我探索与交互。						
	1	2	3	4	5	6	7(y)
	非常不同意			中立	非常同意		
	1	2	3	4	5	6	7
9.	学生在学习过程中的感受：						
	对学习经历很重要，必须加以呈现，以此让学生完全融入任何学习活动中。						
	1	2	3	4	5	6	7(h)
	是专注问题与疑问的动力。						
	1	2	3	4	5	6	7(d)
	是每一位学生独特性的反映，应该在学习过程中得到表达并受到重视。						
	1	2	3	4	5	6	7(f)
	有可能会转移学生注意力，获得学习的方法。						
	1	2	3	4	5	6	7(c)
	没有学生的想法重要。						
	1	2	3	4	5	6	7(a)
	非常不同意			中立	非常同意		
	1	2	3	4	5	6	7
10.	我的教学方法倾向于：						
	关注解决问题，为学生呈现现实挑战。						
	1	2	3	4	5	6	7(x)
	强调实践，提供指导性的反馈，学生由此可获得正确答案并学到重要技能。						
	1	2	3	4	5	6	7(w)
	以非指导性为主，鼓励学生为自己的学习负责。						
	1	2	3	4	5	6	7(y)

续表

	让学生参与讨论并认真分析争议性问题。						
	1	2	3	4	5	6	7(z)
	专门致力于帮助学生发展高效思维与推理能力。						
	1	2	3	4	5	6	7(v)
	非常不同意			中立	非常同意		
	1	2	3	4	5	6	7
11.	当学生对某一课题不感兴趣时，原因是：						
	他们没有意识到正在研究的课题对自己的生活与未来可能产生的影响。						
	1	2	3	4	5	6	7(h)
	他们没有看到对自己的校外日常生活所带来的益处。						
	1	2	3	4	5	6	7(d)
	他们只是没有学习的“积极性”。						
	1	2	3	4	5	6	7(a)
	他们没有做好学习的“准备”，或者他们没有获得充分的实践或反馈。						
	1	2	3	4	5	6	7(c)
	该课题不是他们个人的首选，他们对其他课题更感兴趣。						
	1	2	3	4	5	6	7(f)
	非常不同意			中立	非常同意		
	1	2	3	4	5	6	7
12.	学生间的差异性：						
	不是特别重要，只要学生通过教育能够达成共识。						
	1	2	3	4	5	6	7(v)
	能够使他们根据自己的时间与方法取得最佳学习效果，应受到重视并给予大力支持。						
	1	2	3	4	5	6	7(y)
	主要由于生活经历的差异性，通常会使他们根据自身情况对新知识与新技能进行不同的运用。						

续表

	1	2	3	4	5	6	7(x)
	源于特定的文化背景和社会环境，与教育经历有极大关系。						
	1	2	3	4	5	6	7(z)
	将不会对学习造成干扰，如果每个学生有足够的机会参与实践并强化。						
	1	2	3	4	5	6	7(w)
	非常不同意			中立	非常同意		
	1	2	3	4	5	6	7
13.	学习效果评估：						
	不是特别重要，也不容易实现，因为教育的作用应更多地体现在校外，而不是课堂。						
	1	2	3	4	5	6	7(h)
	应植入教育过程，学生由此不断获得反馈，从而根据自己的学习成绩加以改进。						
	1	2	3	4	5	6	7(c)
	最好由学生根据自己的学习目标自己完成。						
	1	2	3	4	5	6	7(f)
	让教师通过学生间的比较，了解每位学生对知识与概念的掌握情况。						
	1	2	3	4	5	6	7(a)
	最好让学生在课堂或“现实世界”里遇到问题并成功解决的情况下完成。						
	1	2	3	4	5	6	7(d)
	非常不同意			中立	非常同意		
	1	2	3	4	5	6	7
14.	作为一名教师，我的主要角色是：						
	设立明确的期望，通过教育行为循序渐进地引导学生，同时提供有指导意义的反馈。						
	1	2	3	4	5	6	7(w)
	引导学生接触丰富的知识与看待世界的方法。						

续表

	1	2	3	4	5	6	7(v)
	帮助学生“了解如何学习”对生活有益的知识。						
	1	2	3	4	5	6	7(x)
	提升学生对社会、文化、经济或政治方面的思想意识，帮助他们了解如何对必要的社会变革发挥重要影响。						
	1	2	3	4	5	6	7(z)
	促进，但不直接参与对每个学生有重要意义的学习行为。						
	1	2	3	4	5	6	7(y)
	非常不同意			中立	非常同意		
	1	2	3	4	5	6	7
15.	最后，如果学生没有学到所讲授的内容：						
	他们对课题缺乏了解，或者他们觉得知识层面的挑战要求太高。						
	1	2	3	4	5	6	7(a)
	他们需要重复一次或多次的教育活动，直到能够掌握这门知识（或至少达到最低标准）。						
	1	2	3	4	5	6	7(c)
	没关系，因为他们可能学到了他们认为重要或有趣的其他知识。						
	1	2	3	4	5	6	7(f)
	他们没有意识到新知识会让他们为所生存的世界带来巨大影响。						
	1	2	3	4	5	6	7(h)
	可能是因为他们无法运用讲授的知识解决日常生活问题。						
	1	2	3	4	5	6	7(d)

（2）计分说明

完成“调查表”后，回顾你的各项答案，查找每一行量表右侧括号内的小写字母。这是给“调查表”计分的代码字母。将每一行量表的数字转移到下一页的计分卡上。比如，第一项，如果你在（h）项圈的是5，那么记分卡（h）的方框里记下数字5。项目1有5种不同应答：c、h、a、d与f。

将第一项所有的答案记在记分卡里，以此类推，继续完成记分卡里的其他方框（像国际象棋的棋盘一样）。

（请完成图A.1的记分卡）

现在，将每一列的数字从上至下累计相加，最后你会分别得到10个不同的小计项。所有这些小计分数不应超过56，也不应低于7。按如下所示，将每一列的小计分数相加得出总分数。注意：最终的分数不应超过105，也不能低于15。

B（c+w）=_____C（a+v）=_____P（d+x）=_____

H（f+y）=_____S（h+z）=_____

（3）得分说明

B=行为主义教育

（能力、行为变化、达标的教育）

C=综合能力教育

（终生通才教育）

P=进步主义教育

（解决社会问题的教育）

H=人文主义教育

（自我实现教育）

S=社会变革教育

（改造社会的教育）

图 A.1　计分卡

项目	c	w	a	v	d	x	f	y	h	z
1										
2										
3										
4										
5										
6										
7										
8										
9										
10										
11										
12										
13										
14										
15										
小计										
加	c + w		a + v		d + x		f + y		h + z	
得分	B =		C =		P =		H =		S =	

5. 什么是教育哲学？

教育哲学是应用于教育时所表现出来的综合全面、互相关联的一套价值观与思想——包括人类生活的本质与目的、个体在社会中扮演的角色、教育的目的与目标、教师与学生的角色、重要课题以及高效的教学方法。

个人教育哲学为选择教育实践提供完整、一致的依据，并洞悉（a）教师与学生，（b）学习者与学习活动，以及（c）学习活动与整个世界之间的关系。确定一个人的个人教育哲学可提高教师的思想—价值观与教学实践行动之间的一致性，为一个教学“团队”，即构成整个教育行业的各种教师、课程设计人员以及行政人员之间的相互理解与接纳奠定基础。

表A.1对计分卡的5种教育哲学进行了简要说明。

在计分卡说明（表A.1“五大教育哲学”）的第一行，在每一栏描述教育哲学的上方记录你的得分。最高分表明你的思想观念与其对应的哲学观最为接近。比如，分数在95～105之间说明你完全同意与之相对应的哲学观；分数在15～25说明该哲学观的理念你完全不同意。

大部分的教育工作者具备一个明确主要的哲学取向，或者同时具备两个一主一次的哲学取向。典型的组合式哲学取向有：行为与综合能力、进步与人文、进步与社会变革，或者人文与社会变革。而综合能力与社会变革主义哲学，或行为与人文主义哲学获得高分的现象则完全不可能。这些哲学观在基本理念上有着本质的冲突。比如，行为主义教育的主要目的是确保达到他人制定的期望或标准，而人文主义教育则意在推动个人的自我发展——这或许会满足其他人的期望或标准，又或许无法满足。

如果你发现自己所有，或三个以上哲学观的分数比较平均，则应该花点时间明确自己的思想与价值观，找出这些哲学观之间的矛盾之处。

教育哲学没有对与错之分。该调查的目的是为了如实地反映你的某些思想，而不是对这些思想进行评判。判断自己的思想观念是否会影响作为一名教育工作者的决策与行动、个人教育哲学观是否完全适合——或者根本不适合你所执教的教育环境，或团队教学方法，完全取决于你自己。

表 A.1 五大教育哲学

总分:	B = ______	C = ______	P = ______	H = ______	S = ______
	行为主义	综合能力主义	进步主义	人文主义	社会变革
目的	推动技能发展与行为改变; 确保达到标准与社会期望	开发智力;扩大学习范围;提供“通才”教育	支持参与社会活动;为学生提供实用的知识与解决问题的能力	推动个人成长与发展;促进自我实现	通过教育,为整个社会带来最基本的社会、文化、政治与经济变革。
学生	学生不参与目标制定;期望循序渐进;实践行为/技能帮助他们解决问题	“文艺复兴式的人物”;有修养;渴望知识;期望提升概念与理论方面的理解	注重学生的需要与实践经验;学生在学习过程中积极主动	学生有很高的积极性与自主性;为自己的学业负责;积极参与制订学习计划	在学习过程中与教师的地位平等;自主权;赋权;完全主动参与
教师角色	教师是领导、掌控者、权威人士,设定期望目标;预期学习成果并提供指导	“专业人士”;知识的传递者;为学习过程提供明确的指导;激发学生积极思考	组织者,在学习过程中起引导作用;提供实用的学习技能	促进者;援助者;互相参与教—学交流;为学习过程提供支持	协调者;召集者;是学习者平等的伙伴;只提建议
概念/关键词	标准导向;掌握学习;成绩导向;能力分组、行为目标;行为纠正;问责制;核心知识	人文科学;自主学习;通才教育;批判性思维;传统知识;学习成绩优异;大学预科;按能力编班制	问题解决;实践性学习;以经验为导向;需求评估;学习迁移;主动探究;合作;有责任心的公民;民主理想;社群服务	自由;自主;个性化;教-学交流;自主能力;人际沟通;开放性;赋权;真实性;情商	增强自我意识;实践;非强迫性学习;自主权;社会行动;社会公正;赋权;社会变革
方法	电脑辅助指导,同步课程,技能培训、示范与实践、标准参照测验	讲座;批判性的阅读并分析;问与答、以教师为主导的讨论;自主学习;标准化测试	制订计划;校外实习;模拟;小组探究;合作学习;主题式课程;学档评估	体验式学习;探索式学习,开放型讨论;个人计划;合作学习;独立学习;自我评估	批判性讨论;提出问题;最大程度的互动;媒体报道分析; 感受性训练
人物/实践活动	沃森(Waston),斯金纳(Skinner),斯坦伯格(Steinberg),泰勒(Tyler),马杰(Mager),职业培训,特殊教育,认证考试,宗教教化,军事培训,目标管理,“回归基本能力”课程	亚里士多德(Aristotle),苏格拉底(Socrates),柏拉图(Plato),阿德勒(Adler),卢梭(Rousseau),皮耶尔(Pier),哈钦斯(Hutchins),图书社,基础教育学校,派代亚计划,效能研究机构,初等高级中学,天才班课程	斯宾塞(Spencer),怀特海德(Whitehead),杜威,赛泽(Sizer),斯派迪(Spady),中学,主流,多元文化教育,承担社会责任的性教育、禁毒课程、社区实习、真实性评估	罗杰斯(Rogers),马斯洛(Maslow),帕特森,辛普森(Simpson),诺尔斯(Knowles),夏山小学,萨德伯里山谷学校,蒙台梭利学校,华德福学校,开放式授课,知识准入,先前学习评价	赖希(Reich),康茨(Counts),尼尔(Neil),霍尔特(Holt),弗莱雷,伊里奇,科佐尔(Kozol),肖尔,西蒙(Simon),私立学校运动,反学校教育,社会行动研究,多样化教育,选民教育,社会公正教育

资料 B　教师领导力学校问卷调查（TLSS）

图 B.1　教师领导力学校问卷调查（TLSS）

教师领导力学校问卷调查

玛里琳与比尔• 卡曾麦尔

请对你校有关各项描述发生的频率作出回答。		从不	很少	有时	经常	总是
1.	我校的行政人员与教师尽力帮助新教师获得成功。	1	2	3	4	5
2.	在我校，如有需要，教师可获得帮助、指导或辅导。	1	2	3	4	5
3.	我校的行政人员积极支持教职员工的专业发展。	1	2	3	4	5
4.	我们通过职员培训与阅读专业书籍获得新知识与技能。	1	2	3	4	5
5.	我们分享彼此获得的新想法与新策略。	1	2	3	4	5
6.	我校的教师在个人生活与工作上互相支持。	1	2	3	4	5
7.	我校教师参与获取新的知识与技能。	1	2	3	4	5
计入右侧空白处 1～7 项合计		1～7 项合计_____				
8.	我校行政人员很信任我。	1	2	3	4	5
9.	我的专业技能与能力得到我校行政人员的认可。	1	2	3	4	5
10.	其他教师对我的专业技能与能力表示认可。	1	2	3	4	5
11.	我校很多教师能够承担领袖角色。	1	2	3	4	5
12.	在我校，教师的思想与观点受到重视与尊重。	1	2	3	4	5
13.	在我校，对彼此所取得的成就，我们互相示以祝贺。	1	2	3	4	5
14.	我校很多教职员工的工作受到认可。	1	2	3	4	5

续表

计右侧空白处 8～14 项合计		8～14 项合计_____
15.	作为教师，我有评判“什么是最适合学生”的自由。	1 2 3 4 5
16.	在我校，我可以自由选择时间与资源利用。	1 2 3 4 5

教师领导力学校问卷调查，第 2 页

请对你校有关各项描述发生的频率作出回答。

		从不	很少	有时	经常	总是
17.	我知道如有助于孩子学习之必要，我们会进行变通。	1	2	3	4	5
18.	教师经常受到鼓励而为了学生不断积极改进。	1	2	3	4	5
19.	我参与为学校及其未来规划愿景。	1	2	3	4	5
20.	在我校，教师可自由创新。	1	2	3	4	5
21.	行政人员与其他教师给予我教学策略改革方面的支持。	1	2	3	4	5
计入右侧空白处 15～21 项合计		15～21 项合计_____				
22.	我校教师探讨教学策略，共享教学资源。	1	2	3	4	5
23.	我校教师在教学上互相影响。	1	2	3	4	5
24.	我校教师观摩其他教师的教学工作。	1	2	3	4	5
25.	我在学校与其他教师交流教学与课程问题。	1	2	3	4	5
26.	教师与学校行政人员一起解决学生学业与行为问题。	1	2	3	4	5
27.	我校其他教师帮助我寻找应对课堂挑战的新方法。	1	2	3	4	5
28.	我校专业人士间的沟通交流以学生为主。	1	2	3	4	5
计入右侧空白处 22～28 项合计		22～28 项合计_____				
29.	教师参与教学改革的决策。	1	2	3	4	5
30.	教师对做什么以及如何做有发言权。	1	2	3	4	5
31.	如何利用时间，如何组织学校活动，由教师与行政人员共同决定。	1	2	3	4	5
32.	我校教师与行政人员了解共识并运用共识。	1	2	3	4	5
33.	教师参与我校新教员与/或员工的筛选工作。	1	2	3	4	5
34.	我的观点与思想在我校受到行政人员的重视。	1	2	3	4	5
35.	在制定重要决定之前，我们尽力彼此达成共识。	1	2	3	4	5
计入右侧空白处 29～35 项合计		29～35 项合计_____				

续表

教师领导力学校问卷调查，第 3 页

请对你校有关各项描述发生的频率作出回答。		从不	很少	有时	经常	总是
36.	由于教师与行政人员交换工作意见，因此我能随时了解周围发生的一切。	1	2	3	4	5
37.	在我校，每个人可以自由以及公开地表达自己的想法与感受。	1	2	3	4	5
38.	我校教职员工以有效的方式分享自己的感受与关注的问题。	1	2	3	4	5
39.	我校教师相互沟通，帮助对方解决问题。	1	2	3	4	5
40.	教职员工探讨如何更好的兼顾学生工作与生活的方法。	1	2	3	4	5
41.	在我校，若出现问题时，我们尽力不指责，而是探讨下次改进的方法。	1	2	3	4	5
42.	教职员工会议用来讨论与解决问题。	1	2	3	4	5
计入右侧空白处 36～42 项合计		36～42 项合计_____				
43.	在我校，教师被视作专业人士。	1	2	3	4	5
44.	我校教师对每天的工作充满了期待。	1	2	3	4	5
45.	我校教师对工作环境总体感到满意。	1	2	3	4	5
46.	我校教师与行政人员团结协作。	1	2	3	4	5
47.	我校教师受到家长、学生与行政人员的尊敬。	1	2	3	4	5
48.	我校的校长、教师及员工讲求团队合作。	1	2	3	4	5
49.	我们积极满足学生的各种需求。	1	2	3	4	5
计入右侧空白处 43～49 项合计		43～49 项合计_____				

“教师领导力学校问卷调查”量表
发展重点：帮助教师获取新知识与新技能，鼓励教师帮助他人学习。为教师提供必要的帮助、指导与辅导
认可：认可教师所承担的角色以及贡献。教师间要互相尊重、互相关怀。有效工作的认可需要经过几个流程。
自主权：鼓励教师主动改进与创新。清除障碍、发现资源，为教师的工作提供支持。
共同合作：教师在教学与学生相关问题上采取共同合作。合作行为的例子包括教师探讨教学策略、分享教学资源，或到对方课堂观课。

续表

参与：教师积极参与制定决策并在重要事项上投入时间与精力。系主任、团队领导及其他主要领导与教师一起接受参与选拔。
开放式交流：教师以开放、坦诚的方式提出并接受学校有效运作的信息。教师随时了解学校的情况。教师自由分享观点与感受。当出现问题时，不对教师进行指责。
积极的环境：对工作环境普遍感到满意。教师受到彼此、家长、学生与学校行政的尊重。教师视学校为具备高效的行政管理领导力。根据学生的兴趣，有效开展指定或非正式的团队合作。

自我评分

✓ **发展重点：**
计入1~7 项合计 ______

✓ **认可：**
计入8~14 项合计 ______

✓ **自主权：**
计入15~21 项合计 ______

✓ **共同合作：**
计入22~28 项合计 ______

✓ **参与：**
计入29~35 项合计 ______

✓ **开方式交流：**
计入36~42 项合计 ______

✓ **积极的环境：**
计入43~49 项合计 ______

教师领导力学校问卷调查

将得分在对应的量表上涂黑，并与对应的量表名称连线。

量表名称	1	5	10	15	20	25	30	35	40
发展重点									
认可									
自主权									
共同合作									
参与									
开放式交流									
积极的环境									

tlss_protoco_1-11-05_shaded.wpd

专业发展中心公司
邮箱 46609
佛罗里达州坦帕市 33647
电话 1-813-991-5101

资料C　教师领袖的时间

当我们与众多教育工作者一起研究改革工作、要求他们明确自己所面临的困难时，他们的第一反应总是两个字：时间。同样的，教育文献资料也反映了教师领袖所面临的时间问题。

专业发展伴随跟进与辅导、教师领袖参与建立协作关系、为确保所有学生能够学习制定详尽的差异化教学、履行领导职责，这一切都需要时间。

如果我们意识到了教师领导力对学校改革的重要性，那么我们必须承认完成这些工作需要时间。教师领袖需要时间为同事提供辅导，需要时间做案头工作，需要时间写材料为学校申请资源，需要时间与其他教师领袖合作。跟高效率的教师领袖一样，要想在一天当中完成这些工作的时间只有这么多。

1. 时间利用情况评估

我们建议教职员工完成“时限调查表”（Constraints of Time Inventory）（图C.1）。该工具会帮助教师领袖及行政人员确定，学校在解决时限方面所采取的措施。分数越高，教职员工就越应着手准备，认真寻找学校调整有效利用时间的方法。

图 C.1　时限调查表

说明：在我校，教与学改革工作的困难之一是时间问题。阅读以下各项表述，评估你校领导团队在你尝试改革时，对时间的处理程度。

量表：4 = 完善
3 = 进行中
2 = 有探讨的可能
1 = 暂未采取行动

_____ 1. 我校领导小组/教员已经对我们的工作进行了审查，并已终止了无法提高教与学的课程或实践活动。

_____ 2. 我校领导小组/教员已重新分配工作优先级，我们有更多的时间与资源专注改进我校教与学。

_____ 3. 我校的改革行动计划有一个符合实际的时间框架。

_____ 4. 我们或利用教员会议，或利用部门或小组会议，或利用工作时间帮助者我校教员了解领导小组一直在了解的改革工作。

_____ 5. 领导小组/教员已找时间与其他教师一起，开展我们希望的有关教与学方面的改革工作。

_____ 6. 我校教师队伍有共同的时间规划，共同从事教与学工作。

_____ 7. 我们已能够为教师提供工作日里的课外时间，通过代课教师、志愿者，或学校现有教员，或其他方式从事课程、指导与评估改革工作。

_____ 8. 我们已分别通过利用教员会议、员工培训日或年级或部门会议创造时间。

_____ 9. 我们已通过运用电脑或其他技术找到了有效利用时间的方法。

_____ 10. 我们已通过计划与提高会议效率减少时间浪费。

_____ **分数合计**

2. 寻找时间的方法

全美各大创新型学校已经找到了不局限于传统、建立新的时间结构法。以下列举一些推荐的方法，供各校参考。

（1）充分利用时间

我们通常不能有效利用现有时间。以下是有助于解决这一问题的方法。

● 利用教员会议开展专业学习，而不要处理行政流程方面的工作。

● 利用网站、电子邮件或短信发布信息，取消没有必要的大型会议。

● 要求一名教员单就一个议题组织一次教员会议，以此对全校问题进行深入探讨。

● 创建教师维基网络，使教师能够便捷地参与工作。

● 不要每一年对全校教师进行评估，而是利用能力教师专业成长计划，每三年评估一次。

● 考虑一下平时是否召开常规会议与例会，否则年度大会真的没有必要。积极探究会议用时情况，取消没有必要的会议。

● 确保所有教职员工习得引导技能，使会议更加有效与高效。

● 为每位教师配备移动电话，提高教师与家长的联络效率。

● 赋权教师调整学区指定的专业培训时间，根据各校自身需求重新安排时间。比如，在实施新计划期间，安排两个小时的时段并增加频率，加强或解决问题。

● 利用视频会议节省教师离开学校、参加区级会议的时间。

● 协调学校、直属学校与社区学校内的专业培训，利用对学校或教师来说过于昂贵的资源。

● 认真检查流程、方案与案头工作，坚决摒弃不必要的工作。寻找员工志愿者，组建从事此项工作的工作小组，为放弃低效率工作提建议。为教师录制重要信息（比如，监督人信息、近期法院裁定，一些新的资源等），供教师在通勤路上收听了解。

（2）腾出时间

这类方法是利用现有或免费的资源，减轻教师与学生直接接触的常规职责。

● 想办法授权有资历的员工（行政人员、援助员工、社区职员）替教师照管班级。

● 让家长或志愿者为学生作短期阅读，或与学生一起开展小组工作，让教师腾出时间投身合作工作。

● 让团队教师集中组织学生，以便团队内的教师成员有时间参与合作、制订计划或接受培训。

● 将各班级合并在一起组织一次特殊活动，为教师腾出时间。可与社区剧院合作为学生提供演出活动，或者可让初中学生参与一些社区服务活动。

● 与当地商务人士建立合作伙伴关系，邀请他们在教师参与学习活动期间为学生介绍丰富的社会经历。

● 与当地大学建立伙伴关系并组建一个专业的培训学校，在教师参加分享与学习会议期间，让实习生与大学教授做代班工作。

● 设计一个三种级别的主题日，这样在选定的下午，有两个级别的教师可以有时间一起合作。

● 给学生布置需要利用课堂环境以外，比如媒体中心资源的高阶独立思考作业，让媒体中心的工作人员给予监督。

(3) 共同的时间

接触相同的学生、有相同时间规划的教师具备一起工作的机会，反之则不可能。

为教师提供共同的时间一起参与新举措（比如，讲授数学新课，或教授一门新课程），互相学习经验，班级由代课教师或行政人员代管。为这些教师建立电邮通信录，便于经常面对面沟通。

● 组建任课教师小组，为每一个小组提供一份共同制订计划的周期表，用于对整个小组有助益的信息共享，开展计划合作或行动研究。

● 每天给予各学科协同备课的时间。

● 为每个年级小组安排协同制订计划的进度表，至少两周一次。

● 安排选修课或专题课，让教师有分享学习心得的时间，可在午餐前，也可在午餐后，或下班前，如果他们愿意可将时间延长。

● 利用协作软件让教师与其他学校的网上教师同步聊天，这对那些在校内没有相同专业的教师尤为有帮助。

● 为新教师配备一名同年级，或同专业的经验教师，提供业余共同时间进行辅导、分享或提供意见。利用学区工作人员的授课或示范课，教师进行观课后讨论。

（4）重组时间

在此法中，学校员工利用现有时间对其进行重新规划或安排。

● 运用初中学校普遍使用的课段式课程表，根据学生需求改变课段。

● 经常估算授课时间的安排情况，确定或安排教师学习的时间。如有必要，调整课程表，不要等到下一学年再安排。

● 设计授课时间，使教师，尤其是初中教师不必每天与学生接触授课。偶尔组织人数较多的班级进行专题、观影或自修活动。细研全年授课日历，在各季度间安排专门的时间做详细的专业培训。

● 让教师“储存”时间延长合作时间。

● 推迟学生到校时间，让教师在精力最充沛的时候，第一时间开展合作。

● 考虑在校内建立微型学校或学习社群，使得在学生课程安排上更加灵活。

● 在四天的基础上，每天增加学生工作时间，第五天可以休息。

● 与社区机构，如教堂或教会、童子军或其他组织开展协作，为提前放学的学生提供丰富活动。

● 与教师做交易，如果他们在周六或放学后开会，可免去他们平时专业培训的时间。

● 当教职员工或特定教师队伍必须接受“必修的”专业培训时，为他们提供参与时间的选择（比如，上学前，放学后，利用备课时间或教师在家里通过远程学习）。

（5）购买时间

教师找时间担任领袖角色需要资源。需要财政资源的普遍方法如下：

● 在校内投入资源设立临时教学岗位，在需要的时候，可让代课教师替岗为教师腾出时间。

● 为每位教师配备掌上电脑（PDA），用于储存学生或家长的联络信息，与其他教职员工进行电子邮件沟通、网上调研，或虚拟访问大学课程。

● 将教师的聘任合同延至学生放假的那几个星期，使他们有时间制订长期计划、学习新技能以及合作设计新的教学方案。因为同时集中工作与学习至少需要两周的时间。

● 让两名深入参与改革工作的教师领袖共享一个教学岗位，当一名教师领袖上课时，另一名教师领袖有时间做领导工作。为获得教师领袖的时间支持申请资助。多数资助机构正在寻找能够被计入资助款项的专业培训时间，以确保这项计划取得成功。

● 在关注学生需求的同时，考虑调整班型的方法，每个班级增加一两个学生，可提供聘用替岗小组的资金，偶尔给班级代课。该方法有助于通过安抚那些希望课堂里有“真正的”教师的焦虑的家长，保证学习的连贯性，减轻教师脱离学生的负罪感。

● 组织能够进入学校的行政人员与代课教师，全天接管学校，让教职员工有时间集中备课。

● 在课堂安排更多的资源（比如，办公室文员协助、志愿者、辅助、助手），为教师增加教学支持，从而节省更多的时间。

- 为教师争取津贴，参加夏季专业培训。
- 颁发教师领袖职务相关学习证书，比如参与符合新标准的课程修订工作。
- 科技投入，供教师利用其他方式召开会议与合作。

资料D　教师领导力的书籍、工具与组织机构

如果你对教师领导力感兴趣，可查阅以下参考资料。这些参考资料将为你继续探究教师领导力提供更多资源。

1. 书籍

（1）关于领导力的书籍

Barth, R. S. (2001). *Learning by heart.* San Francisco: Jossey-Bass.

Byrk,A. S.,&Schneider, B. (2002). *Trust in schools: Acore resource for improvement.* New York: Russell Sage Foundation.

Chrispeels, J. H. (Ed.). (2004). *Learning to lead together: The promise and challenge of sharing leadership.* Thousand Oaks, CA: Sage Publications.

Donaldson, G. A. (2006). *Cultivating leadership in schools: Connecting people, purpose, and practice* (2nd ed.). New York: Teachers College Press.

Heifetz, R. A., & Linsky, M. (2002). *Leadership on the line: Staying alive through the dangers of leading.* Boston: Harvard Business School Press.

Jennings,M. (2007). Leading *effective meetings, teams, and work groups in districts and schools.* Alexandria, VA: Association for Supervision and Curriculum Development.

Whitaker, T. (2002). *Dealing with difficult teachers* (2nd ed.). Larchmont, NY: Eye on Education.

（2）关于专业学习的书籍

Drago-Severson, E. (2004). *Helping teachers learn: Principal leadership for adult growth and development.* Thousand Oaks, CA: Corwin.

Easton, L. B. (2008). *Powerful designs for professional learning* (2nd ed.). Oxford, OH: National Staff Development Council.

Guskey, T. (1999). *Evaluating professional development.* Thousand Oaks, CA: Corwin.

Loucks-Horsley, S., Love, N., Stiles, K. E., Mundry, S. E., & Hewson, P. W. (2003). *Designing professional development for teachers of science and mathematics* (2nd ed.). Thousand Oaks, CA: Corwin.

Jolly, A. (2008). *Team to teach: A facilitator's guide to professional learning teams.* National Staff Development Council.

Zepeda, S. J. (2008). *Professional development:What works.* Larchmont, NY: Eye on Education.

（3）关于教师领导力的书籍

Ackerman, R. H., & Mackenzie, S. V. (Eds.). (2007). *Uncovering teacher leadership: Essays and voices from the field.* Thousand Oaks, CA: Corwin.

Crowther, F., with Ferguson,M., & Hann, L. (2008). *Developing teacher leaders: How teacher leadership enhances school success* (2nd ed.). Thousand Oaks, CA: Corwin.

Gabriel, J. G. (2005). *How to thrive as a teacher leader.* Alexandria, VA:Association for Supervision and Curriculum Development.

Harris, A., & Muijs, D. (2004). *Improving schools through teacher leadership.* Maidenhead, Berkshire, UK: Open University Press.

Killion, J., & Harrison, C. (2006). *Taking the lead: New roles for teachers and school-based coaches.* Oxford, OH: National Staff Development Council.

Lieberman, A., & Miller, L. (2004). *Teacher leadership.* San Francisco, CA: Jossey-Bass.

Mangin, M. M., & Stoelinga, S. R. (2008). *Effective teacher leadership:* Using *research to inform and reform.* New York: Teachers College Press.

Moller, G., & Pankake, A. (2006). *Lead with me: A principal's guide to teacher leadership. Larchmont,* NY: Eye on Education.

Reeves, D. B. (2008). *Reframing teacher leadership to improve your school.* Alexandria, VA: Association for Supervision and Curriculum Development.

Troen, V., & Boles, K. (2003). *Who's teaching your children? Why the teacher crisis is worse than you think and what can be done about it.* New Haven, CT: Yale University Press.

2. 工具

Assessing Your Readiness for Teacher Leadership®

Teacher Leadership School Survey®

Teacher Leadership Self Assessment®

Professional Development Center, Inc.

P.O. Box 46609

Tampa, FL 33647

Telephone: (813) 991–5101

E-mail: mkatzen383@aol.com

Philosophy of Education Inventory®

Lifelong Learning Options

420 South 12th Street, Suite 107

Quincy, IL 62301–4304 USA

Telephone: (217) 221–5466

Fax: (217) 228–5504

E-mail: lifelong.order@ecentral.com

3. 组织机构

Association for Supervision and Curriculum Development

1703 North Beauregard Street

Alexandria, VA 22311-1714

Telephone: (703) 578-9600

Fax: (703) 575-5400

Internet: http://www.ascd.org

Center for Teaching Quality

Teacher Leaders Network (http://www.teacherleaders.org)

500 Millstone Drive, Suite 102

Hillsborough, NC 27278

Telephone: (919) 241-1575

Fax: (919) 241-1576

Internet: http://www.teachingquality.org

National Board for Professional Teaching Standards

1525 Wilson Boulevard, Suite 500

Arlington, VA 22209

Telephone: (800) 22-TEACH ((800) 228-3224)

Internet: http://www.nbpts.org

National School Reform Faculty

Harmony Education Center

P.O. Box 1787

Bloomington, IN 47402

Telephone: (812) 330-2702

Fax: (812) 333-3435

Internet: http://nsrfharmonyschool.org

National Staff Development Council

P.O. Box 240

Oxford, OH 45056

Telephone: (800) 727-7288

Internet: http://www.nsdc.org

鸣　谢

在编写第三版的过程当中，教师领袖20多年来对我们的鼓舞历历在目。许多教师领袖为学生拥有美好的未来而不知疲倦地工作，我们的人生因与他们的不断接触而变得充实，他们对本书的出版有着深远的影响。

在我们的职业生涯里，一些教师领袖对我们的工作给予了大力支持，比如罗朗·巴斯·戈迪·唐纳森（Roland Barth Gordy Donaldson）、比尔·庄蒙德（Bill Drummond）、贝蒂·叶潘钦（Betty Epanchin）、塞西尔·戈尔登（Gecil Golden）、雪莉·霍德（Shirely Hord），还有琳达·兰伯特（Linda Lambert），他们与我们一样对教师领导力有着深刻的认识，对此我们感激不尽。此外，还有许多优秀的教育家，他们都是教师领袖的先行人：琳达·迪亚兹（Linda Diaz）、雷吉娜·阿什（Regina Ash）、黛布拉·艾略特（Debra Elliott）、贝琪·巴罗斯（Betsy Burrows）、斯科特·艾略特（Scott Elliott）、玛莎·梅里尔（Martha Marrill）、帕姆·霍菲（Pam Houfek）、珍妮特·梅森（Janet Mason）、蕾妮·科沃德（Renee Coward）以及托德·克拉夫（Todd Cluff）。

近年来，教师领袖网络（TLN）的成员们展开充分对话与交流，不仅激发了我们的工作热情，也为我们本书的出版提供了丰富的参考。特别要感谢的是TLN导员约翰·诺顿（John Norton），他不断为教师领袖提供支持，孜孜不倦。还有教学质量中心的校长兼CEO巴奈特·拜里（Barnett Berry），他热心地为TLN工作并持续开展寻找各种文献资料，积极推动教师领导力的发展。

最后，我们要对家人表示由衷的感谢，在教师领袖与教师领导力的研究工作期间，他们对此给予极大的耐心与鼓励。我们还要特别感谢我们的丈夫、本身也是教学领袖的比尔·凯贞梅尔（Bill Katzenmeyer）和吉姆·穆勒（Jim Moller）对我们不遗余力的支持。

玛丽安.凯贞梅尔（Marilyn Katzenmeyer）

盖尔·V.穆勒（Gayle·V. Moller）

关于本书的审编工作，科温出版社特别鸣谢：

梅勒妮·马雷斯（Melanie Mares），学术辅导员

佐治亚州瓦尔多斯塔市朗兹中学

托马斯·麦圭尔（Thomas McGuire），教授

加州拉文大学

劳伦·米特曼（Lauren Mittermann），初一与初二社会课教师

威斯康星州菲什克里克市直布罗陀中学

苏珊·H. 穆迪（Susan H. Moody），语言艺术教师

特拉华州纽卡斯尔市威廉佩恩高级中学

琼·泰勒（Joan Taylor），协调员

内华达州里诺市瓦肖县学区

参考文献

Ackerman, R. H., & Mackenzie, S. V. (Eds.). (2007). *Uncovering teacher leadership: Essays and voices from the field.* Thousand Oaks, CA: Corwin.

Anderson, C. S. (1992). The search for school climate: A review of the research. *Review of Educational Research,* 52(3), 368–420.

Badaracco, J. L., Jr. (2002). *Leading quietly.* Cambridge,MA: Harvard Business School Press.

Baratz-Snowden, J. (2007). *The future of teacher compensation: Déjà vu or something new?* Washington,DC: Center forAmerican Progress. RetrievedNovember 8, 2008, from http://www.americanprogress.org/issues/2007/11/pdf/ snowden_report.pdf

Barth, R. S. (1988). School: A community of leaders. In A. Lieberman (Ed.), *Building a professional culture in schools* (pp. 129–147). New York: Teachers College Press.

Barth, R. S. (2001). Teacher leader. *Phi Delta Kappan,* 82(6), 443–449.

Barth, R. S. (2006). Improving relationships within the schoolhouse. *Educational Leadership,* 63(6), 9–13.

Barth, R. S. (2007). The teacher leader. In R. H. Ackerman & S. V. Mackenzie (Eds.),

Uncovering teacher leadership: Essays and voices from the field (pp. 9–36). Thousand Oaks, CA: Corwin.

Beachum, F., & Dentith, A. (2004). Teacher leaders creating cultures of school renewal and transformation. *The Educational Forum,* 68(3), 276–286.

Berg, J. H. (2007). Resources for reform: *The role of board-certified teachers in improving the quality of teaching.* Unpublished doctoral dissertation, Harvard University, Cambridge, MA.

Berry, B., Norton, J., & Byrd, A. (2007). Lessons from networking. *Educational Leadership,* 65(1), 48–52.

Blasé, J., & Blasé, J. (1997). Themicropolitical orientation of facilitative school principals and its effects on teachers' sense of empowerment. *Journal of Educational Administration,* 35(2), 138–164.

Boyer, E. L. (1983). *High school.* New York: Harper & Row.

Calhoun, E. (2002). Action research for school improvement. *Educational Leadership,* 59(6), 18–24.

Carlson, H. C. (2004). Changing of the guard: A new generation of teacher leaders will raise quality-of-life priorities. *The School Administrator,* 61(7), 36–39.

Caro-Bruce, C., Flessner, R., Klehr, M., & Zeichner, K. (2007). *Creating equitable classrooms through action research.* Thousand Oaks, CA: Corwin.

Carnegie Forum on Education and the Economy. (1986). *A nation prepared: Teachers for the 21st century. The report of the task force on the teaching profession.* New York: Author.

Center for Teaching Quality. (2007). *Performance-pay for teachers: Designing a system that students deserve.* Hillsborough, NC: Author.

Center for Teaching Quality. (2008). *Data and recommendations matrix.* Hillsborough, NC: Author. Retrieved November 13, 2008, from http:// www.teacherworkingconditions.org/dataanalysis/matrix.html

Chait, R. (2007). *Current state policies that reform teacher pay: An examination of pay-for-performance programs in eight states.* Washington, DC: Center for American Progress.

Cochran-Smith, M. (2006). *Stayers, leavers, lovers, and dreamers: Why people teach and why they stay* (2004 Barbara Biber Lecture. Occasional Paper Series 16). New York: Bank Street College of Education.

Cochran-Smith, M., & Lytle, S. L. (2006). Troubling images of teaching in No Child Left Behind. *Harvard Educational Review,* 76(4), 668–697.

Cotton, K. (2003). *Principals and student achievement: What the research says.* Alexandria, VA: Association for Supervision and Curriculum Development.

Coyle, M. (1997). Teacher leadership vs. school management: Flatten the hierarchies. *Clearing House,* 70, 236–239.

Crowther, F., with Ferguson,M., & Hann, L. (2008). *Developing teacher leaders: How teacher leadership enhances school success* (2nd ed.). Thousand Oaks, CA: Corwin.

Danielson, C. (2007). The many faces of leadership. *Educational Leadership,* 65(1), 14–19.

Darling-Hammond, L. (1997). *Right to learn.* San Francisco: Jossey-Bass.

Darling-Hammond, L., & Prince, C. D. (2007). *Strengthening teacher quality in high-need schools—policy and practice.* Washington, DC: Council of Chief State School Officers.

Dittman, M. (2005). Generational differences at work. *Monitor on Psychology,* 36(6), 54. Retrieved March 3, 2008, from http://www.apa.org/monitor/ jun05/ generational.html

Donaldson, G. A. (2006). *Cultivating leadership in schools: Connecting people, purpose, and practice* (2nd ed.). New York: Teachers College Press.

Donaldson, M. L., Johnson, S. M., Kirkpatrick, C. L., Marinell, W. H., Steele, J. L., & Szczesiul, S. A. (2008). Angling for access, bartering for change: How second-stage teachers experience differentiated roles in schools. *Teachers College Record,* 110(5), 1088–1114.

Drago-Severson, E. (2004). *Helping teachers learn: Principal leadership for adult growth and development.* Thousand Oaks, CA: Corwin.

Du, F. (2007). A case study of teacher leaders as group leaders: Implications for research and teacher education. *The Teacher Educator,* 42(3), 185–208.

DuFour, R. (2004). What is a professional learning community? *Educational Leadership,* 61(8), 6–11.

Education Commission of the States. (2000). *In pursuit of quality teaching: Five key strategies for policy makers.* Denver, CO: Author.

Education Week. (2008). *Quality counts 2008: Tapping into teaching: Unlocking the key to student success.* Bethesda, MD: Author.

Farkas, S., Foley P., & Duffett,A., with Foleno, T., & Johnson, J. (2001). *Just waiting to be asked: Afresh look at attitudes on public engagement.* NewYork: Public

Agenda. Retrieved April 17, 2008, from http://www.publicagenda.org/ specials/ pubengage/pubengage.htm

Ferren, C. (2000). Become a leader by taking responsibility every day. *The Journal for Quality and Participation,* 23(1). Retrieved December 6, 2007, from http://0-web.ebscohost.com.wncln.wncln.org/ehost/pdf?vid=3&hid= 115&sid=8dda2d0d-4a71–48db-bald-79cb40978d4e%40sessionmgr106

Fullan, M. G. (2005). *Leadership and sustainability: System thinkers in action.* Thousand Oaks, CA: Corwin.

Gabriel, J. G. (2005). *How to thrive as a teacher leader.* Alexandria, VA:Association for Supervision and Curriculum Development.

Goldring, E. B., & Rallis, S. F. (1993). *Principals of dynamic schools: Taking charge of change.* Newbury Park, CA: Corwin.

Goodlad, J. (1990). The occupation of teaching in schools. In J. Goodlad & R. Soder (Eds.), *The moral dimensions of teaching* (pp. 33–34). San Francisco: Jossey-Bass.

Hall, G. E., & Hord, S. M. (1987). *Change in schools: Facilitating the process.* Albany: State University of New York Press.

Hargreaves, A., & Fink, D. (2004). The seven principles of sustainable leadership. *Educational Leadership,* 61(7), 8–15.

Hargreaves,A., & Fullan,M. G. (1996).*What's worth fighting for in your school?* New York: Teachers College Press.

Hargreaves, A., & Fullan, M. G. (1998). *What's worth fighting for out there?* New York: Teachers College Press.

Harris, A., & Spillane, J. (2008). Distributed leadership through the looking glass. *Management in Education,* 22(1), 31–34.

Harris, B. (2003). *Noel Tichy: Leadership beyond vision.* Missoula: Montana Associated Technologies Roundtables. Retrieved December 6, 2007, from http://www.matr.net/article-9269.html

Hart,A.W. (1990). Impacts of the school social unit on teacher authority during work redesign. *American Educational Research Journal,* 27, 503–532.

Hart, P., & Segesta, J. (1994). *Leadership development for teachers: 1994 evaluation.* Tampa, FL: West Central Educational Leadership Network.

Hawley, W. D., & Valli, L. (1999). The essentials of effective professional development: A new consensus. In L. Darling-Hammond & G. Sykes (Eds.), *Teaching as the learning profession: Handbook of policy and practice* (pp. 127–150). San Francisco: Jossey-Bass.

Heller, M. F., & Firestone, W. A. (1994). *Heroes, teams, and teachers: A study of leadership for change.* (ERIC Document Reproduction Service, No. ED).

Heneman, H. G. III, & Milanowski, A. T. (2004). Alignment of human resource practices and teacher performance competency. *Peabody Journal of Education,* 79(4), 108–125.

Heneman, H. G. III, Milanowski, A. T., Kimball, S. M., & Odden, A. (2006). *Standards-based teacher evaluation as a foundation for knowledge- and skillbased pay* (CPRE Policy Brief RB-45). Philadelphia, PA: Consortium for Policy Research in Education.

Hersey, P., & Natemeyer,W. E. (1979). *Power perception profile.* Escondido, CA:

Center for Leadership Studies.

Hewitt-Gervais, C. M. (1996). *Summary of evaluations: Leadership development for teachers.* Tampa, FL: West Central Educational Leadership Network.

Hirsch, E., & Emerick S., with Church, K., & Fuller, E. (2006a). *Arizona teacher working conditions: Designing schools for educator and student success.* Hillsborough, NC: Center for Teaching Quality. Retrieved December 8, 2007, from http://www.teachingquality.org/pdfs/twcaz2006.pdf

Hirsch, E., Emerick, S. Church, K., & Fuller, E. (2006b). *Teacher working conditions are student learning conditions: A report on the 2006 North Carolina TeacherWorking Conditions Survey.* Hillsborough, NC: Center for Teaching Quality.

Hord, S. (2003). Introduction. In S. Hord (Ed.), *Learning together, leading together: Changing schools through professional learning communities* (pp. 1–14). New York: Teachers College Press.

Ingersoll, R. M. (2007). Short on power, long on responsibility. *Educational Leadership,* 65(1), 20–25.

Ingersoll, R. M., & Smith, T. M. (2003). The wrong solution to the teacher shortage. *Educational Leadership*, 60(8), 30–33.

Institute for Educational Leadership. (2001). *Leadership for student learning: Redefining the teacher as leader.* Washington, DC: Author. Retrieved July 31, 2005, from http://www.iel.org/pubs/sl21ci.html

Johnson, S.M., & Donaldson,M. L. (2007). Overcoming obstacles to leadership. *Educational Leadership,* 65(1), 8–13.

Katzenmeyer, W., & Katzenmeyer, M. (2004). *Teacher leader self assessment.* Tampa, FL: Professional Development Center.

Katzenmeyer, W., & Katzenmeyer, M. (2005). *Teacher leader school survey.* Tampa, FL: Professional Development Center.

King, B., Louis, K. S., Marks, H. M., & Peterson, K. D. (1996). Participatory decision making. In F. Newmann (Ed.), *Authentic assessment: Restructuring schools for intellectual quality* (pp. 245–263). San Francisco: Jossey-Bass.

Lambert, L. (1998). *Building leadership capacity in schools.* Alexandria, VA: Association for Supervision and Curriculum Development.

Lambert, L. (2002). A framework for shared leadership. *Educational Leadership,* 59(8), 37–40.

Lambert, L. (2003). *Leadership capacity for lasting school improvement.* Alexandria, VA: Association for Supervision and Curriculum Development.

Lancaster, L.,&Stillman,D. (2002).*When generations collide who they are.Why they clash. How to solve the generational puzzle at work.* New York: HarperCollins.

Lanier, J. & Darling-Hammond, L. (2005). *Professional development schools: Schools for developing a profession.* New York: Teachers College Press.

Leithwood, K. A. (1992). The principal’ s role in teacher development. In M. Fullan & A. Hargreaves (Eds.), *Teacher development and educational change* (pp. 56–85). Bristol, PA: Falmer.

Lezotte, L. E., & Jacoby, B. C. (1990). *A guide to the school improvement process based on effective schools research.* Okemos, MI: Effective Schools Products.

Lieberman, A., & Miller, L. (1999). *Teachers: Transforming their world and their work.* New York: Teachers College Press.

Lieberman, A., & Miller, L. (2004). *Teacher leadership.* San Francisco: Jossey-Bass

Lieberman,A., &Wood, D. (2003). *Inside the NationalWriting Project: Connecting network learning and classroom teaching.* New York: Teachers College Press.

Little, J.W. (1993). Teachers' professional development in a climate of educational reform. *Educational Evaluation and Policy Analysis,* 15, 129–151.

Little, J. W. (1995). Contested ground: The basis of teacher leadership in two restructuring high schools. *Elementary School Journal,* 96(1), 47–73.

Little, J. W. (1996). The emotional contours and career trajectories of (disappointed) reform enthusiasts. *Cambridge Journal of Education,* 26, 345–359.

Lortie, D. C. (1975). *Schoolteacher: A sociological study of teaching.* Chicago: University of Chicago Press.

Louis, K. S., & Marks, H. (1996). *Does professional community affect the classroom? Teachers' work and student experiences in restructuring schools.* Paper presented at the annual meeting of the American Educational Research Association, New York.

Mackenzie, S. V. (2007). (How) can a new vision of teacher leadership be fulfilled? In R. H. Ackerman & S. V. Mackenzie (Eds.), *Uncovering teacher leadership: Essays and voices from the field* (pp. 373–382). Thousand Oaks, CA: Corwin.

Maeroff,G. I. (1988). Teacher empowerment:Astep toward professionalization. *NASSP Bulletin,* 72(511), 52–60.

Mangin, M. M. (2005). *Distributed leadership and the teacher leader: Teachers' perspectives.* Paper presented at the annual meeting of the American Educational

Research Association, Montreal, Canada.

Mangin, M. M., & Stoelinga S. R. (2008). Teacher leadership: What it is and why it matters. In M. M. Mangin & S. R. Stoelinga (Eds.), *Effective teacher leadership: Using research to inform and reform* (pp. 1–9). New York: Teachers College Press.

McLaughlin, M., & Talbert, J. (2001) *Professional communities and the work of high school teaching*. Chicago: University of Chicago Press.

Moller, G., & Pankake, A. (2006). *Lead with me: A principal's guide to teacher leadership*. Larchmont, NY: Eye on Education.

Moller, G., Pankake, A., Huffman, J. B., Hipp, K. A., Cowan, D., & Oliver, D. (2000). *Teacher leadership: A product of supportive & shared leadership within professional learning communities*. Paper presented at the annual meeting of the American Educational Research Association, New Orleans, LA.

Mooney, T. (1994). *Teachers as leaders: Hope for the future*. Washington, DC: National Commission on Excellence in Education. (ERIC Document Reproduction Service, No. ED 380407).

National Board for Professional Teaching Standards. (2008a). *Better teaching, better learning, better schools*. Retrieved January 27, 2009, from http:// www.nbpts.org/

National Board for Professional Teaching Standards. (2008b). *The five core propositions*. Retrieved August 5, 2008, from http://www.nbpts.org/the_standards/the_five_core_propositio

National Commission for Teaching and America' s Future. (2007). *Policy brief: The high cost of teacher turnover*. Washington, DC: Author.

National Institute for Excellence in Teaching. (2007). *Creating a successful performance compensation system for educators.* Santa Monica, CA: Author. Retrieved November 8, 2008, from http://www.talentedteachers.org/ pubs/ successful_performance_pay_july_2007.pdf

Newmann, F. M., & Wehlage, G. G. (1995). *Successful school restructuring: A report to the public and educators.* Madison: Center on Organization and Restructuring of Schools, Wisconsin Center for Education Research, University of Wisconsin.

North Carolina State Board of Education. (2005.) *North Carolina State Board of Education policy manual* (Policy ID Number: QP-A-005). Raleigh, NC: Author. Retrieved April 8, 2008, from http://www.ncpublicschools.org/ sbe_ meetings/0505/0505_QP.pdf

O' Connor, K., & Boles, K. (1992). *Assessing the needs of teacher leaders in Massachusetts.* Paper presented at the annual meeting of the American Educational Research Association, San Francisco, CA.

Ovando, M. N. (1994). *Effects of teachers' leadership on their teaching practices.* Paper presented at the annual conference of the University Council of Educational Administration, Philadelphia, PA.

Patterson, J. L. (1993). *Leadership for tomorrow's schools.* Alexandria, VA: Association for Supervision and Curriculum Development.

Peterson, K. D., & Deal, T. E. (1998). How leaders influence the culture of schools. *Educational Leadership,* 56(1), 28–30.

Resnick, L. B., & Hall, M. W. (1998). Learning organizations for sustainable education reform. *Daedalus, 127*(4), 89–117.

Rosenholtz, S. J. (1989). *Teachers' workplace: The social organization of schools.* New York: Longman.

Sagor, R. (2004). *The action research guidebook: A four-step process for educators and school teams.* Thousand Oaks, CA: Corwin.

Schaubroeck, J., Ganster, D. C., & Kemmerer, B. (1996). Does trait promote stability? *Journal of Organizational Behavior,* 19(2), 191–196.

Schön, D. A. (1995). *The reflective practitioner: How professionals think in action* (new ed.). Burlington, VT: Ashgate.

Sergiovanni, T. J. (2000). *Leadership for the schoolhouse: How is it different? Why is it important?* San Francisco: Jossey-Bass.

Shen, J. (1998). Do teachers feel empowered? *Educational Leadership,* 55(7), 35–36.

Sherrill, J. A. (1999). Preparing teachers for leadership roles in the 21st century. *Theory Into Practice,* 38, 56–61.

Silva, D. Y., Gimbert, B., & Nolan, J. (2000). Sliding the doors: Locking and unlocking possibilities for teacher leadership. *Teachers College Record,* 102(4), 779–803.

Slotnik, W. J. (2005). Mission possible: Tying earning to learning. *Education Week,* 32–33, 40.

Smylie, M. A., & Denny, J.W. (1990). Teacher leadership: Tensions and ambiguities in organizational perspectives. *Educational Administration Quarterly,* 26, 235–259.

Snell, J., & Swanson, J. (2000). *The essential knowledge and skills of teacher leaders: A search for a conceptual framework.* Paper presented at the annual meeting of the American Education Research Association, New Orleans, LA.

Southeast Center for Teaching Quality. (2002). *Teacher leadership for teaching quality: The teachers network policy institute model.* Chapel Hill, NC:Author.

Staw, B. M. (1986). Organizational psychology and the pursuit of the happy/ productive worker. *California Management Review,* 20(3), 63–74.

Steffy, B. E., Wolfe, M. P., Pasch, S. H., & Enz, B. J. (Eds.). (1999). *Life cycle of the career teacher.* Thousand Oaks, CA: Corwin.

Stein,M. K. (1998). *High performance learning communities. District 2: Report on year one implementation of school learning communities.* Pittsburgh, PA: Pittsburgh University Learning and Research Center. (ERIC Document Reproduction Service, No. ED 429263).

Stein, M. K., Smith, M. S., & Silver, E. A. (1999). The development of professional developers: Learning to assist teachers in new settings in new ways. *Harvard Educational Review,* 69, 237–270.

Stone, M., Horejs, J., & Lomas, A. (1997). Commonalities and differences in teacher leadership at the elementary, middle, and high school levels. *Action in Teacher Education,* 19(3), 49–64.

Sykes, G. (1999). Teacher and student learning: Strengthening their connection. In L. Darling-Hammond & G. Sykes (Eds.), *Teaching as the learning profession: Handbook of policy and practice* (pp. 151–180). San Francisco: Jossey-Bass.

Taylor, P. G., Russ-Eft, D. F., & Chan, D. W. L. (2005). A meta-analytic review of behaviormodeling training. *Journal of Applied Psychology,* 90(4), 692–709.

Teacher Advancement Program Foundation. (2005). *Understanding the Teacher*

Advancement Program. Santa Monica, CA: Author.

Teacher Leader Network. (2009). *Who we are.* Retrieved January 27, 2009, from http://www.teacherleaders.org/about/who

Tichenor, M. S., & Tichenor J. M. (Fall 2004 & Winter 2005). Understanding teachers' perspectives on professionalism. *The Professional Educator,* 27(1 & 2), 89–95.

Troen, V., & Boles, K. (1994). Two teachers examine the power of teacher leadership. In D. R. Walling (Ed.), *Teachers as leaders: Perspectives on the professional development of teachers* (pp. 275-286). Bloomington, IN: Phi Delta Kappa.

Troen, V., & Boles, K. (2003). *Who's teaching your children? Why the teacher crisis is worse than you think and what can be done about it.* New Haven, CT: Yale University Press.

Viadero, D. (2008). Working conditions trump pay. *Education Week,* 27(18), pp. 32–35.

von Frank, V. (Ed.). (2008). *Finding time for professional learning.* Oxford, OH: National Staff Development Council.

Wechsler, M., Tiffany-Morales, J., Campbell, A., Humphrey, D., Kim, D., Shields, P., et al. (2007). *The status of the teaching profession 2007.* Santa Cruz, CA: The Center for the Future of Teaching and Learning.

Wehling, B. (Ed.). (2007). Foreward. In *Building a 21st century U.S. education system* (pp. 13-21). Washington, DC: National Commission on Teaching and America's Future. Retrieved February 11, 2008, from http://www.ecs.org/ html/ offsite.asp?document=http%3A%2F%2Fwww%2Enctaf%2Eorg%2F

Weiss, C. H., Cambone, J., & Wyeth, A. (1992). Trouble in paradise: Teacher conflicts in shared decision making. *Educational Administration Quarterly,* 28, 350–367.

Wong, H. K., & Wong, R. T. (2007). Teachers: The next generation. *ASCD Express.* Retrieved April 7, 2008, from http://www.newteacher.com/pdf/ ascd_express_wong_teachers.pdf

York-Barr, J., & Duke, K. (2004).What do we know about teacher leadership? Findings fromtwo decades of scholarship. *Review of Educational Research,* 74(3), 255–316.

Zinn, L. F. (1997). *Support and barriers to teacher leadership: Reports of teacher leaders.* Paper presented at the annual meeting of the American Educational Research Association, Chicago, IL.

Zinn, L. M. (1996). *Philosophy of education inventory.* Boulder, CO: Lifelong Learning Options.

Chapter Quotations

Chapter 1: Sacks, A. (2008). *Teacher leadership at the Ford Foundation.* Retrieved November 8, 2008, from http://teacherleaders.typepad.com/shoulders_ of_giants/2008/10/teacher-leaders.html

Chapter 2: Reber, K. (2003). *Teacher leadership: Answers by Betsy Rogers.* Retrieved November 12, 2008, from http://www.teacherscount.org/ teacher/topic/topic-rogers.shtml

Chapter 3: Flanagan,N. (2008). *For and by teachers.* RetrievedNovember 8, 2008, from http://teacherleaders.typepad.com/teacher_in_a_strange_land/ teachers_as_leaders/

Chapter 4: Ferriter, B. (2008). *Tapping into your superhero* . . . RetrievedNovember 12, 2008, from http://teacherleaders.typepad.com/the_tempered_radical/ teaching_quality

Chapter 5: Moore, R. (2008). *Teachers and administrators: Getting in step.* Retrieved November 8, 2008, from http://teacherleaders.typepad.com/ teachmoore/2008/10/although-you-mi. html

Chapter 6: Teacher Leaders Network. (2005). *Teacher leaders network conversations: We need a new mental model of the successful school.* Retrieved November 12, 2008, from http://www.teacherleaders.org/node/791

Chapter 7: Graham, S. (2008). *You may say that I'm a dreamer* . . . Retrieved November 12, 2008, from http://blogs.edweek.org/teachers/place_at_ the_ table/2008/07/you_may_say_that_im_a_dreamer.html

Chapter 8: Center for Teaching Quality. (2008). *Improving student learning through strategic compensation: A TeacherSolutions report from the Teacher Leaders of TLN-Kansas.* Hillsborough, NC:Author. Retrieved November 10, 2008, from http://catalog.proemags.com/showmag.php?mid=ggfgt#/ page17/